AF573260

Gabriele Haefs

Lesereise Norwegen

Gabriele Haefs

Lesereise Norwegen

Drei Wikingerschiffe
und ein verwunschener Wald

Picus Verlag Wien

Für Knut Brynhildsvoll, der vor vielen Jahren meine Begeisterung für Bjørnstjerne Bjørnson erweckt hat – der Rest kam dann sozusagen von selbst.

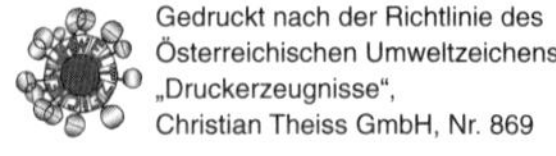

Grafische Gestaltung: Dorothea Löcker, Wien
Umschlagabbildung:
© mauritius images/imageBROKER/Jörg Dauerer
Druck und Verarbeitung:
Christian Theiss GmbH., St. Stefan im Lavanttal
ISBN 978-3-7117-1082-6

Informationen über das aktuelle Programm
des Picus Verlags und Veranstaltungen unter
www.picus.at

Inhalt

Vorwort

Über Norwegen zu schreiben ist wirklich nicht einfach. Nicht, dass es an Themen mangelte – das Gegenteil ist der Fall. Dieses Land ist so unendlich groß! Vom Nordkap im Norden bis zum Kap Lindesnes im Süden ist es weiter als von Hamburg bis nach Neapel. Klar, dass auf so einer weiten Strecke unendlich viele fesselnde Dinge zu finden sind. Überall gibt es versteckte Ecken, phantastische Landschaften, von denen schon in der nächsten größeren Stadt kaum noch jemand etwas weiß, Ausgrabungsstätten, die viel weiter zurückführen als nur in die Wikingerzeit. Es gibt die Häuser von im Ausland so gut wie unbekannten Dichterinnen und Musikern zu entdecken, und es gibt kuriose Museen mit noch kurioseren Öffnungszeiten. Es gibt Fragen, die einfach auf der Hand liegen. Bergen an der Westküste, zum Beispiel, Norwegens zweitgrößte Stadt – und die Bergenser sagen noch heute gern, sie seien nicht aus Norwegen, sondern aus Bergen – bezeichnet sich selbst als Hansestadt. Das gibt internationales Flair und hebt sozusagen vom dort als provinziell verschrienen Oslo ab. Doch die Wahrheit ist ganz anders und eigentlich viel spannender. Immer wieder, wenn die Hanse neue Mitglieder aufnahm, bewarb sich Bergen, mehr als zwei Jahrhunderte lang, jedes Mal wurde die Bewerbung abgelehnt. Bergen war einfach noch nicht reif für die Hanse. Aber was war los damals, was hatten die Hanseherren gegen die doch reiche Kaufmannsstadt einzuwenden? Wir wissen es nicht, ausgiebige Quellenforschung wäre nötig, deshalb gibt es auch in diesem Buch keine Erklärung für dieses Phänomen.

Oder eine Frage von heute: Wie geht Stavanger, für mehrere Jahrzehnte Norwegens reichste und internationalste Stadt, mit dem Ende des Ölbooms um? Das reiche Angebot an Lokalen jeder Art bescherte dieser Stadt im letzten Jahrzehnt des vergangenen Jahrhunderts sogar den Beinamen »Paris des Nordens«. Seit dem stetigen Sinken der Ölpreise gibt es dort erstmals Arbeitslose, die Fachkräfte aus aller Welt ziehen weiter. Was macht das mit einer Stadt? Auch eine Frage, über die erst geforscht werden muss. Ich würde gern viel mehr über die Quänen schreiben, Norwegens dritte sprachliche Minderheit neben Sami und Roma, und irgendeinen großen quänischen Dichter vorstellen. Und dann sind da noch die alten Walfänger an der Südküste. Dass Norwegen noch immer Walfang betreibt, ist ein Skandal, klar, aber die alten Herren, die seit fünfzig Jahren nicht mehr ausgefahren sind, haben so viele Geschichten über die langen Monate im ewigen Eis zu erzählen, das wäre fast ein Thema für ein ganzes Buch.

Doch wenn ich dann meine Liste der Wunschthemen ansehe und seufze, weil ich über so vieles noch so wenig weiß, bleibt doch noch genug übrig, das sofort vorgestellt werden kann. Und sollte. Bjørnstjerne Bjørnson zum Beispiel, Norwegens Nationaldichter, hierzulande so gut wie vergessen, ein Skandal. Oder der sagenumwobene Riesenwald Finnskogen, in den sich nur selten Touristen verirren, wo man mitten zwischen Norwegen und Schweden finnische Kost wie vor dreihundert Jahren verzehren kann und wo die Einwohner so schöne Namen wie Hamletsen haben. Und dann die Wikinger, über die schon so viel geschrieben worden ist und über die doch so viele Irrtümer im Umlauf sind: In Tønsberg am Auslauf des Oslofjords sind sie zum Greifen nah. Und nicht nur dort. So ist dieses Buch eine Zusammenstellung von Lieblingsthemen geworden, ob es sich nun um das Denkmal für einen Schlagersänger oder den Preis für den Arbeitseinsatz auf einem Wikingerschiff zwischen Tønsberg und Arendal handelt. Es gibt so viel zu entdecken in dem endlos langen Land Norwegen.

Alstahaug

Ein Besuch bei der Trompete des Nordlandes

Ziemlich weit im Norden liegt Alstahaug, einst Wohnung und Amtssitz von Petter Dass, Norwegens berühmtestem Pastor (1647–1707). Wer je in Norwegen in einem protestantischen Gottesdienst war (und das sind eigentlich alle, nach Jahrhunderten, in denen alle, die in Norwegen geboren wurden, automatisch der norwegisch-lutherischen Staatskirche angehörten), kennt zumindest einen Choral dieses dichtenden Geistlichen. Alstahaug ist heute ein Museum, das alte Pfarrhaus samt Nebengebäuden ist erhalten, wir können sehen, wie Petter Dass gewohnt und wo er seine Werke verfasst hat. Wir sehen auch die Werke und seine Bibliothek, zum Beispiel seine zu seinen Lebzeiten berüchtigten Zauberbücher. Die sind ziemlich enttäuschend, sie enthalten keine Sprüche, mit denen man einen Widersacher in einen Frosch verwandeln oder den Teufel zu Hilfe rufen kann. Eigentlich sind es eher Kräuterbücher mit ab und zu einem Merkvers in dunkler Symbolsprache, aber am Vorabend der Aufklärung galt offenbar allerlei als finsterer Aberglaube, das uns heute ganz normal vorkommt. Wir können durch den geräumigen Pfarrgarten gehen und das Kräuterbeet des Pastors mit nur hier wachsenden, uralten Kräutern bewundern, wir können die umwerfende Natur bestaunen. Und es gibt ein modernes Zentralgebäude, wo Vorträge und Petter-Dass-Tage stattfinden, wo Bücher und Souvenirs verkauft werden. Dieses Gebäude ist so hässlich, dass es allein deshalb eine Sehenswürdigkeit ist. Es wurde 2007 eingeweiht und sieht aus wie ein gestauchter Katzenkorb. Entworfen wurde es von dem berühmten Architektenbüro Snøhetta, das auch für die Osloer Oper verantwortlich zeichnet und dabei offenbar alle seine Phantasie verbraucht hat. Eine schicksalhafte Rolle spielt bei solchen baulichen Entscheidungen übrigens das norwegische Gesetz für Denkmalschutz. In der Nähe historischer schützenswerter Gebäude darf nicht in einem ähnlichen Stil gebaut werden. Das könnte nämlich den Besuchern, blöd wie sie sind, einen Eindruck von historischer Kontinuität vermitteln, und das wollen Norwegens Denkmalschützer auf jeden Fall vermeiden. Das Ergebnis sind Betonkästen gleich hinter uralten Holzhotels und eben gestauchte Katzenkörbe.

Petter Dass, dessen Familie aus Dundee in Schottland kam und ursprünglich Dundas hieß, besuchte die beste Schule Westnorwegens, die Kathedralschule in Bergen. In einem späteren Gedicht rechnet er allerdings mit Schulzeit und strengen Lehrern ab: »Verflucht sei der Tag, in dem ein Knabe zur Schule geschickt wird, denn was hat er davon? Wahrlich nichts, nur Quälerei.« Aber der junge Petter strebte dennoch immer weiter nach Wissen und durfte sogar zum Studium nach Kopenhagen reisen, was damals nur mit amtlicher Genehmigung möglich war, er studierte zudem einige Zeit in Wittenberg und brachte von dort allerlei neumodische Ideen – und die »Zauberbücher« – mit nach Hause.

Dem jungen Theologen schienen alle Türen offenzustehen, aber gleich bei seinem ersten Posten als Hauslehrer beim Pastor von Vefsn schwängerte er die anderweitig verlobte Tochter des Hauses. Das galt damals als Verbrechen, das mit Pranger und hohen Geldbußen bestraft wurde. Die beiden Missetäter heirateten und bekamen noch weitere Kinder, aber karrieremäßig war Petter Dass damit fast schon am Ende.

So landete er im abgelegenen Alstahaug, und da er von seinem geistlichen Amt allein nicht leben konnte, versuchte er sich auch als Fischhändler, reiste deshalb oft nach Bergen und machte dort Norwegens erster namentlich bekannter Dichterin seine Aufwartung, Dorothe Engelbretsdatter (1634–1716). Das muss ihn inspiriert haben, zuerst dichtete er die Dichterin an, dann dichtete er ganz allgemein zum Lobe Gottes. Weil seine Choräle in Norwegen so allgegenwärtig sind, stellt man sich unwillkürlich vor, dass er dichtend durch den Garten wandelte und dass seine Kirche immer voll war, weil alle auf ein neues Lied des Meisters hofften. Aber so war das nicht! Zu seinen Lebzeiten fand er nicht einmal einen Verlag für seine Werke, eine Auswahl von Gedichten ließ er auf eigene Kosten drucken. Erst nach seinem Tod erschien erstmals – in Kopenhagen – eine Sammlung seiner geistlichen Lieder, und die wurde am Ende zu einem der Bestseller des 18. Jahrhunderts. Er schrieb zudem einen Kommentar zu Luthers Katechismus, der ebenfalls viele Auflagen erlebte, und eine Beschreibung Nordnorwegens: »Die Trompete des Nordlandes« – der Titel der Sammlung ist heute sozusagen sein Beiname.

Mindestens so bekannt wie seine Choräle sind aber die Sagen um Petter Dass. Dass er zum Sagenhelden werden konnte, liegt natürlich an dem Gerücht, er habe aus Wittenberg Zauberbücher mitgebracht. Die Sagen sind älter und waren in ganz Europa in vielen Variationen verbreitet, wieso sie gerade in der Umgebung von Alstahaug dann eine Renaissance erlebten, ist bei den Gelehrten umstritten. Aber hier sind zwei schöne Beispiele:

Petter Dass hatte keinen Schatten. Den hatte er in Wittenberg gelassen, wo der Teufel selbst an der Universität unterrichtete. Der Teufel verlangte in jedem Examensjahrgang eine Seele; die jeweilige arme Seele wurde durch das Los bestimmt. Und nun traf das Los also Petter Dass. Doch der sprach zum Teufel: »Nimm nicht mich, sondern den, der hinter mir kommt!« Der Teufel ließ sich in die Irre führen und schnappte sich Petter Dassens Schatten.

Das war dem Teufel aber offenbar keine Lehre. Denn als Petter Dass nach Kopenhagen bestellt wurde, um zu Weihnachten vor dem König zu predigen, bot er seine Hilfe an. Der König hatte den Bischof von Bergen gebeten, ihm den Pastor Dass zu senden. Der Bischof aber fand, diese Ehre hätte ja wohl ihm gebührt, und deshalb informierte er Petter Dass erst einen Tag vor Weihnachten. Nun konnte er sicher sein, dass Petter Dass nie im Leben rechtzeitig in Kopenhagen sein würde. Aber der kannte ja den Teufel schon und hatte gelernt, wie er mit ihm Handel treiben konnte. Er sagte, wenn der Teufel ihn rechtzeitig nach Kopenhagen schaffte, würde er die Seelen derer bekommen, die während der Predigt einschliefen. Diesem Angebot konnte der

Teufel nicht widerstehen. Doch als er Petter Dass genau zur Weihnachtsmesse in der Kirche in Kopenhagen absetzte, predigte der so laut, dass niemand einschlafen konnte.

Alstahaug und die Natur der Umgebung sind immer einen Besuch wert, Petter Dass, der lieber in Kopenhagen oder Wittenberg gewirkt hätte, sah das offenbar anders. Denn einen seiner gereimten Briefe beendete er folgendermaßen:

Ein demütiges Salutas
ich Euch hiermit sende.
Mein Nam' ist Petter Dass,
ich wohn' am Weltenende.

Die Schlange vom Mjøsa

Besonderheiten von Lillehammer

Lillehammer ist eine wunderschön am Ufer des riesigen Sees Mjøsa gelegene Stadt, die Straßen winden sich an den Hängen hoch, ganz oben thront das Freilichtmuseum Maihaugen. Kunstgewerbeläden laden zum Stöbern ein, Restaurants bieten norwegische Spezialitäten an, in den Nebengassen gibt es urige Kneipen, wie sie in Norwegen nicht oft zu finden sind. Und in Lillehammer legt seit 1856 der Raddampfer »Skibladner« an, mit dem man kreuz und quer über den See fahren kann und der so ungefähr jedes Jahr einmal untergeht. Was aber niemanden aufregt, Ertrunkene waren in all den Jahren noch nicht zu beklagen. Dabei sollte so eine Schiffsfahrt eigentlich überaus gefährlich sein, schließlich haust im Mjøsa eine furchterregende Seeschlange. Sie hauste dort jedenfalls, so richtig weiß niemand, wo sie sich derzeit herumtreibt. Sie ist nicht ganz so berühmt wie die Kollegin vom Loch Ness, sieht aber ähnlich aus, das wissen wir aus ziemlich präzisen Beschreibungen.

Die erste stammt aus einer Chronik, die irgendwann vor vielen Jahren in der ebenfalls am Mjøsa gelegenen Stadt Hamar verfasst wurde (das genaue Entstehungsdatum ist umstritten). Da heißt es:

»Ihre Augen waren groß wie Fassdauben, und ihre lange schwarze Mähne hing weit über ihren

Hals hinab. Sie war nun so hoch auf die Schäre gestiegen, dass sie so schnell nicht mehr herunterkonnte. Deshalb griff einer der Bischofsknechte, der ein wahrer Waghals war, einen stählernen Bogen und schoss der Schlange viele Pfeile ins Auge, aus dem schließlich so viel grüner Eiter quoll, dass sich das Wasser im See grün färbte. Ebendiese Schlange bot einen grausigen Anblick, und wies ihre Haut viele Farben auf. Endlich blieb sie auf dem Felsen liegen und starb an ebendiesen Pfeilschüssen.« Da der Bischof erwähnt wird, wissen wir, dass diese Beobachtung in der Zeit vor der Reformation gemacht wurde. Es gibt aber weitere Beobachtungen, alle zu Papier gebracht von vertrauenswürdigen Gewährsleuten (Pastoren, Historikern, Schullehrern). Immer wenn die Schlange sich gezeigt hatte, suchte bald darauf ein furchtbares Unglück die Gegend heim. Das ging so bis zu Beginn des 18. Jahrhunderts. Da tauchte die Schlange auf und alles hielt den Atem an – welcher Schicksalsschlag stand den Städten am Mjøsa nun wohl bevor? Doch es geschah – gar nichts. Jedenfalls nichts, was schlimm genug gewesen wäre, um mit der furchtbaren Schlange in Verbindung gebracht werden. Dieser verpatzte Auftritt war dem armen Lindwurm offenbar oberpeinlich, seither hat er sich nicht mehr blicken lassen und wird heute, wo überall nach Tourismusmagneten gesucht wird, ganz besonders schmerzlich vermisst.

International bekannt wurde Lillehammer als Austragungsort der Olympischen Winterspiele 1994 und durch die Fernsehserie »Lilyhammer«. Die wurde in vielen Ländern zu einem Riesenerfolg, in Deutschland nicht. Aber das lag nicht an der Serie, sondern an der grauenhaften Synchronisation, die auch in der deutschsprachigen Presse heftig kritisiert wurde, doch da war es zu spät, die Serie lief ja schon. Es geht darin um einen Mafioso aus New York, der für eine Weile untertauchen muss. Und weil ihm Lillehammer durch die Fernsehübertragungen von 1994 so gut in Erinnerung ist, lässt er sich dort nieder, gibt sich als Nachkomme norwegischer Auswanderer aus und mischt die Gegend auf – mit Mafiamethoden. Zwar sagen alle, die mit ihm zu tun haben, »so nicht«, aber es haben auch im idyllischen Lillehammer alle Dreck am Stecken, und folglich kann unser Mafioso es durch Bestechung und Erpressung schon gegen Ende der ersten Staffel zu Wohlstand bringen. Es gibt wunderschöne Naturaufnahmen und Szenen aus dem Ortsinneren von Lillehammer zu sehen, aber der eigentliche Reiz der Serie liegt in den sprachlichen Missverständnissen. Unser Held muss nämlich erst Norwegisch lernen, versteht nicht, was die anderen zu ihm sagen, spricht Englisch, sie versuchen es mit Englisch, das norwegische Englisch versteht er auch nicht. Im Original wurden diese Szenen untertitelt, in der deutschen Fassung so sorgsam synchronisiert, dass kein einziger Witz erhalten bleibt und man sich nur wundern kann, warum der Held gerade wieder so verständnislos dreinschaut.

Berühmt ist zudem das Freilichtmuseum Maihaugen. Gegründet wurde es in der Entstehungszeit der großen europäischen Freilichtmuseen gegen Ende des 19. Jahrhunderts. Es war das erste in Norwegen und galt lange als Vorbild für andere norwegische Sammlungen. Aus ganz Ostnorwegen wurden Bauernhäuser nach Maihaugen gebracht, translociert, wie es in der Fachsprache heißt, bis ins Detail originalgetreu eingerichtet – oder eben nicht. Da nur die allerschönsten Häuser und Einrichtungsgegenstände aufgenommen wurden, entstand ein vollkommen falsches Bild der »guten alten Zeit«, die arme Landbevölkerung ist nicht vertreten, und auch die reichen Bauern aßen nicht jeden Tag aus reich verzierten Zinnschüsseln. Zudem kauften gerade sie sich auch gern mal etwas Neues, und sei es nur ein neumodischer Kochtopf, sie konnten sich das schließlich leisten. Wegen dieser Darstellung einer Idylle, die es in Wirklichkeit niemals gegeben hatte, geriet Maihaugen um 1980 ein wenig ins Hintertreffen, es schien, als wäre die moderne museumskundliche Entwicklung einfach nicht wahrgenommen worden. Während anderswo Tagelöhnerhütten rekonstruiert wurden, setzte man in Maihaugen weiterhin auf Schönheit und Pracht. Maihaugen war deshalb noch immer einen Besuch wert, doch der war seltsam unbefriedigend. Das alles hat sich geändert. Seit etwa zehn Jahren wird eine »moderne« Siedlung angelegt. Zuerst wurde die ehemalige Hauptstraße von Lillehammer ins Museum versetzt, samt Apotheke, Wirtshaus und Zeitungsredaktion, und schon bekam die ländliche Idylle einen Hauch von Stadt, wenn auch von Stadt um 1920. Und seither wird die Siedlung ständig ausgebaut, für jedes Jahrzehnt soll es ein Haus geben, alle so eingerichtet, wie es damals gerade modern war, aber auch in einem Stilgemisch, da niemand es sich leisten kann, konsequent nach der neuesten Mode zu wohnen. Vieles wirkt vertraut, im Haus der achtziger Jahre zum Beispiel die braunen Tapeten, die Teenie-Idole an der Wand, die Mäntel an der Garderobe … Anderes zeigt, dass die Moden doch nicht gleich sind. Ein Service von Villeroy & Boch zum Beispiel, in Deutschland um 1980 längst aus der Mode, aber allen bekannt, weil so ungefähr alle damit aufgewachsen waren, war damals in Norwegen plötzlich der letzte Schrei und ist also im Museum vertreten! Es macht großen Spaß, mit mehreren Bekannten durch die Häuser zu wandern, immer wieder bricht jemand in Begeisterungsschreie aus. »Bei meiner Oma sah es genauso aus«, »so einen Schrank hatten wir, als ich in die Schule gekommen bin«, es ist eine Zeitreise, und doch machen die »norwegischen« Gegenstände, Bücher, Bilder, von den Großeltern geerbte Zinnkrüge, deutlich, dass wir uns eben in einem anderen Land befinden.

Der Name Lillehammer muss noch erklärt werden, wörtlich übersetzt bedeutet er »kleiner Hammer« oder »Hämmerchen«. Der Hammer, von dem hier die Rede ist, ist ein Felshammer, von denen es in der Gegend unendlich viele gibt. Der Name bleibt also ein wenig rätselhaft, vor allem müsste es dann ja auch einen »großen Hammer« geben. Den gibt es auch. Ein Stück weiter südlich am Mjøsa liegt Hamar, im Mittelalter die viel bedeutendere Stadt, bis zur Reformation Bischofssitz. Erst als es dort keinen Bischof mehr gab, verlor Hamar seine Bedeutung und der Ableger Lillehammer übernahm die Rolle der führenden Stadt am See. Hamar aber heißt in Urkunden aus dem Mittelalter durchweg »Hammer«, Hamar ist die lokale Aussprache, die erst zum Ortsnamen wurde, als die Stadt nicht mehr wichtig genug war, um einen landesweit verständlichen Namen zu benötigen. Aus Hamar stammt die Chronik mit der Beschreibung der Seeschlange, und die Eissporthalle, die für die Olympischen Winterspiele 1994 errichtet wurde (Lillehammer gab Hamar damals großzügig ein paar Sportarten ab), wird zwar »Wikingerschiff« genannt, sieht aus der Ferne jedoch aus wie ein aus dem See auftauchendes Ungeheuer, das drohend die Augen verdreht. Aus Hamar stammen übrigens mehr bekannte Persönlichkeiten als aus Lillehammer. Für Lillehammer kann eigentlich nur Marcello Haugen (1878–1967) angeführt werden, Rudolf-Steiner-Schüler und Wunderheiler, dessen Haus als Sehenswürdigkeit gilt, aber nur von außen besichtigt werden kann. Aus Hamar dagegen kommen Rut Brandt (1920–2006), Hanna Winsnes (1789–1872, Norwegens Antwort auf Henriette Davidis), Katti Anker Møller (1868–1945, Pionierin in Sachen Geburtenregelung), Knut Faldbakken, der seine Krimis in Hamar spielen lässt, und die Sängerin Kirsten Flagstad (1895–1962), deren Haus mitten in der Altstadt von Hamar heute ein Museum ist. Man kann dort Aufnahmen der großen Sopranistin hören und ihre Kostüme bewundern, und sogar ihre einzige Filmaufnahme ist zu sehen. Die stammt von 1938 und wurde in den USA für eine Wochenschau gemacht. Kein Geringerer als Bob Hope kündigt den Star der Met an, und dann erscheint Kirsten Flagstad im Walkürenkostüm, schwenkt ihren Speer und singt mit holdem Lächeln Brünnhildes Rachearie. Ein in einem Schaukasten angebrachter Vertrag zeigt, wozu sich die Metropolitan Opera und ihr Star verpflichteten:

Die Welt hat viele Farben

Picus Lesereisen

Die Picus Lesereisen und Reportagen

Erstklassige ortskundige Autorinnen und Autoren berichten von fast hundertfünfzig Zielen auf der ganzen Welt. Im Mittelpunkt steht dabei das persönlich Erlebte und Erlebbare, die Begegnung mit dem Alltag der jeweiligen Schauplätze ebenso wie mit deren Eigenheiten und Absonderlichkeiten. Ideal sowohl für die Reisevorbereitung und -begleitung als auch für das bequeme Reisen im Lehnsessel daheim.

Jeder Band gebunden mit Schutzumschlag € 15,-
E-Books € 9,99

Abu Dhabi
Helge Sobik · Fabian von Poser, *Lesereise Abu Dhabi.* Mona Lisa im Meer aus Sand
978-3-7117-1019-2
E-Book 978-3-7117-5117-1

Afrika
Andreas Altmann, *Lesereise Afrika.* Im Herz das Feuer. Quer durch den Kontinent
978-3-7117-1023-9
E-Book 978-3-7117-5114-0

Afrika Süd
Barbara Schaefer · Rasso Knoller, *Lesereise Südliches Afrika.* Von der Serengeti an den Elefantenstrand
978-3-7117-1059-8
E-Book 978-3-7117-5300-7

Albanien
Carola Hoffmeister, *Lesereise Albanien.* Die Möwe und der Freiheitskämpfer
978-3-7117-1025-3
E-Book 978-3-7117-5120-1

Amalfi
Barbara Schaefer, *Lesereise Amalfi/Cilento.* Wo die rote Sonne wirklich im Meer versinkt
978-3-7117-1044-4
E-Book 978-3-7117-5206-2

Amazonas
Matthias Matussek, *Lesereise Amazonas.* Im magischen Dickicht des Regenwaldes
978-3-7117-1060-4
E-Book 978-3-7117-5301-4

Andalusien
Ulrike Fokken, *Lesereise Andalusien.* Erdbeeren, Sherry und das ewige Morgen
978-3-7117-1037-6
E-Book 978-3-7117-5183-6

Apulien
Stefanie Bisping, *Lesereise Apulien.* Die Magie des Mezzogiorno
978-3-7117-1062-8
E-Book 978-3-7117-5311-3

Armenien
Barbara Denscher, *Reportage Armenien.* Im Schatten des Arara
978-3-85452-977-4
E-Book 978-3-7117-5065-5

Australien
Rasso Knoller, *Reportage Australien.* Im Land der Regenbogenschlange
978-3-7117-1009-3
E-Book 978-3-7117-5039-6

Backsteinstädte
Kristine von Soden, *Lesereise Backsteinstädte.* Der Butt, die Baukuns und das Meer
978-3-85452-958-3
E-Book 978-3-7117-5063-1

Neu

Portugal
Helge Sobik,
Lesereise Portugal.
Die Fischer, die die Zeit anhalten
978-3-7117-1085-7
E-Book 978-3-7117-5363-2

Prag
Klaus Brill,
Lesereise Prag.
Auf der Karlsbrücke nachts um halb eins
978-3-85452-990-3
E-Book 978-3-7117-5015-0

Provence
Michael Bengel,
Lesereise Provence.
Farbenspiel im Schatten des Mistral
978-3-7117-1041-3
E-Book 978-3-7117-5203-1

Pyrenäen
Susanne Schaber,
Lesereise Pyrenäen.
Im schwarzen Salon tobt der Bär
978-3-7117-1011-6
E-Book 978-3-7117-5091-4

Rio de Janeiro
Matthias Matussek,
Lesereise Rio de Janeiro.
Geliebte zwischen Strand und Dschungel
978-3-7117-1007-9
E-Book 978-3-7117-5035-8

Rom
Christina Höfferer,
Lesereise Rom.
Vom süßen Leben und der großen Schönheit
978-3-7117-1056-7
E-Book 978-3-7117-5285-7

Rom
Klaus Brill,
Lesereise Rom.
Die Köchin, die Pornodiva und der Papst
978-3-85452-967-5
E-Book 978-3-7117-5047-1

Salzburg
Hubert Nowak,
Lesereise Salzburg.
Die kleine Stadt als Weltbühne
978-3-7117-1064-2
E-Book 978-3-7117-5313-7

Salzkammergut
René Freund,
Lesereise Salzkammergut.
Skizzen aus der Mitte
978-3-7117-1058-1
E-Book 978-3-7117-5293-2

Sankt Petersburg
Christine Hamel,
Lesereise St. Petersburg.
Palastparade in weißen Nächten
978-3-7117-1043-7
E-Book 978-3-7117-5205-5

Schottland
Ralf Sotscheck,
Lesereise Schottland.
Whisky, Seetang und karierte Röcke
978-3-85452-991-0
E-Book 978-3-7117-5021-1

Schweden
Rasso Knoller,
Lesereise Schweden.
Nils Holgersson und die Dame von der Post
978-3-85452-995-8
E-Book 978-3-7117-5017-4

Shanghai
Kristina Reiss,
Reportage Shanghai.
Acht Frauen suchen das Glück
978-3-7117-1015-4
E-Book 978-3-7117-5096-9

Simbabwe
Andrea Jeska,
Lesereise Simbabwe.
Die Sehnsucht des Schlangengottes
978-3-7117-1032-1
E-Book 978-3-7117-5169-0

Sizilien
Natalie John,
Lesereise Sizilien.
La Mamma, die Mafia und der Thunfischjäger
978-3-85452-963-7
E-Book 978-3-7117-5008-2

Skandinavien
Dorothea Löcker · Alexander Potyka (Hg.),
Lesereise Kulinarium Skandinavien.
Stockfisch, Smørrebrød und Aquavit
978-3-7117-1038-3
E-Book 978-3-7117-5177-5

Donau
Duygu Özkan ·
Jutta Sommerbauer,
Lesereise Donau.
Vom Schwarzwald zum
Schwarzen Meer
978-3-7117-1046-8
E-Book 978-3-7117-5207-9

Dubai
Helge Sobik,
Lesereise Dubai.
Dreitausend Stufen in
den Himmel
978-3-7117-1071-0
E-Book 978-3-7117-5325-0

Dublin
Ralf Sotscheck,
Lesereise Dublin.
Die blaue Tür mit der
Nummer sieben
978-3-85452-964-4
E-Book 978-3-7117-5064-8

Emilia Romagna
Stefanie Bisping,
Lesereise Emilia Romagna.
Pasta, Strand und
Glockenklang
978-3-7117-1042-0
E-Book 978-3-7117-5204-8

Neu

England
Stefanie Bisping,
Lesereise England.
Besenflug im
Schlossgarten
978-3-7117-1084-0
E-Book 978-3-7117–5362-5

England Süd
Michael Bengel,
Lesereise Südengland.
Tea Time vor Land's
End
978-3-7117-1022-2
E-Book 978-3-7117-5115-7

Estland
Stefanie Bisping,
Lesereise Estland.
Das Model und
der Kapitän
978-3-85452-971-2
E-Book 978-3-7117-5046-4

Finnland
Helge Sobik,
Lesereise Finnland.
Das letzte Postamt
diesseits des Polarsterns
978-3-85452-982-8
E-Book 978-3-7117-5007-5

Florenz
Barbara de Mars,
Lesereise Florenz.
Rendezvous mit einer
eigenwilligen Schönen
978-3-7117-1077-2
E-Book 978-3-7117-5346-5

Frankreich
Dorothea Löcker ·
Alexander Potyka (Hg.),
Lesereise Kulinarium Frankreich.
Kapaune, Austern und
ein Glas Champagner
978-3-7117-1024-6
E-Book 978-3-7117-5116-4

Friaul
Susanne Schaber,
Lesereise Friaul/Triest.
Großes Welttheater auf
kleiner Bühne
978-3-7117-1012-3
E-Book 978-3-7117-5094-5

Neu

Georgien
Georges Hausemer,
Lesereise Georgien.
Zum Tschatscha in
den zweiten Himmel
978-3-7117-1054-3
E-Book 978-3-7117-5289-5

Neu

Graz
Marlene Faro,
Lesereise Graz.
Dächer, Murnockerln
und Ochsenblut
978-3-7117-1080-2
E-Book 978-3-7117-5347-2

Hamburg
Frank Rumpf,
Reportage Hamburg.
In der Haifischbar
brennt noch Licht
978-3-85452-976-7
E-Book 978-3-7117-5004-4

Helsinki
Rasso Knoller,
Lesereise Helsinki.
Wo die Sonne die
Ostsee küsst
978-3-7117-1050-5
E-Book 978-3-7117-5215-4

Hongkong
Rasso Knoller ·
Erik Lorenz,
Lesereise Hongkong.
Ein Flugloch für den
Drachen
978-3-7117-1068-0
E-Book 978-3-7117-5323-6

Barcelona
Markus Jakob,
Lesereise Barcelona.
Metro zum Strand oder die vermessene Stadt
978-3-85452-974-3
E-Book 978-3-7117-5052-5

Neu

Baskenland
Georges Hausemer,
Lesereise Baskenland.
Die kochenden Kerle von der Muschelbucht
978-3-85452-979-8
E-Book 978-3-7117-5051-8

Berlin
Joscha Remus,
Lesereise Berlin.
Der Lichtertanz am Mauerpark
978-3-7117-1034-5
E-Book 978-3-7117-5178-2

Bhutan
Martin Uitz,
Lesereise Bhutan.
Einlass ins Reich des Donnerdrachens
978-3-7117-1008-6
E-Book 978-3-7117-5038-9

Brasilien
Christine Wollowski,
Lesereise Brasilien.
Vom Anfang, der Mitte und dem Ende des Meeres
978-3-7117-1051-2
E-Book 978-3-7117-5210-9

Bretagne
Stefanie Bisping,
Lesereise Bretagne.
Beim Leuchtturmwärter brennt noch Licht
978-3-7117-1053-6
E-Book 978-3-7117-5287-1

Budapest
Cornelius Hell,
Lesereise Budapest.
Der frivole Charme der Brückenstadt
978-3-7117-1010-9
E-Book 978-3-7117-5089-1

Bulgarien
Thomas Magosch,
Lesereise Bulgarien.
Das gebrauchte Zepter am goldenen Sandstrand
978-3-85452-956-9
E-Book 978-3-7117-5055-6

Burgund
Susanne Pollak,
Lesereise Burgund.
Gute Herzöge, weiße Kühe und goldene Weinhänge
978-3-85452-969-9
E-Book 978-3-7117-5058-7

Burma/Myanmar
Christoph Hein · Udo Schmidt,
Reportage Burma/ Myanmar.
Die Zukunft hat begonnen
978-3-7117-1072-7
E-Book 978-3-7117-5327-4

Burma/Myanmar
Bernd Schiller,
Lesereise Myanmar/ Burma.
Gute Geister im Land der goldenen Pagoden
978-3-85452-994-1
E-Book 978-3-7117-5020-4

Cilento
Barbara Schaefer,
Lesereise Amalfi/Cilento.
Wo die rote Sonne wirklich im Meer versinkt
978-3-7117-1044-4
E-Book 978-3-7117-5206-2

China
Stefan Schomann,
Lesereise China.
Streifzüge durch ein Weltreich
978-3-7117-1081-9
E-Book 978-3-7117-5345-8

Côte d'Azur
Helge Sobik,
Lesereise Côte d'Azur.
Vom Duft des Lavendels und der Millionen
978-3-7117-1052-9
E-Book 978-3-7117-5211-

Dänemark
Barbara Denscher,
Lesereise Dänemark.
Von Wikingern und Brückenbauern
978-3-7117-1073-4
E-Book 978-3-7117-5339-7

Spanien
Dorothea Löcker · Alexander Potyka (Hg.), *Lesereise Kulinarium Spanien.* Paella, Tapas und ein Gläschen Sherry
978-3-7117-1003-1
E-Book 978-3-7117-5031-0

Sri Lanka
Bernd Schiller, *Lesereise Sri Lanka.* Am Teich der roten Lotusblüten
978-3-7117-1006-2
E-Book 978-3-7117-5036-5

Südsee
Volker Mehnert · Frank Rumpf, *Lesereise Südsee.* Die Feuertänzer auf den Perleninseln
978-3-85452-980-4
E-Book 978-3-7117-5056-3

Thailand
Georges Hausemer, *Lesereise Thailand.* Der lächelnde Elefant in der Rushhour
978-3-7117-1036-9
E-Book 978-3-7117-5184-3

Triest
Susanne Schaber, *Lesereise Friaul/Triest.* Großes Welttheater auf kleiner Bühne
978-3-7117-1012-3
E-Book 978-3-7117-5094-5

Tschechien
Klaus Brill, *Lesereise Tschechien.* Leise schlägt das Moldauherz
978-3-7117-1002-4
E-Book 978-3-7117-5033-4

Türkei
Christiane Schlötzer, *Lesereise Türkei.* Jenseits von Galata, im Übermorgenland
978-3-7117-1065-9
E-Book 978-3-7117-5314-4

Ungarn
Cornelius Hell, *Lesereise Ungarn.* Donaublick und Pusztatraum
978-3-7117-1039-0
E-Book 978-3-7117-5181-2

Vatikan
Christina Höfferer, *Lesereise Vatikan.* Mit der roten Vespa zum Petersplatz
978-3-7117-1063-5
E-Book 978-3-7117-5312-0

Vietnam
Elle Macchietto della Rossa, *Lesereise Vietnam.* Aufsteigender Drache am Roten Fluss
978-3-7117-1045-1
E-Book 978-3-7117-5208-6

Zypern
Knut Diers, *Lesereise Zypern.* Aphrodites liebster Badeplatz
978-3-7117-1021-5
E-Book 978-3-7117-5113-3

Aktuelles aus dem Verlag: **www.picus.at**
Picus Verlag Ges.m.b.H., 1080 Wien, Friedrich-Schmidt-Platz 4/7. E-Mail: info@picus.at
Foto © United Archives/Rudolph
Stand der Preise: Februar 2018, Änderungen vorbehalten.

Jerusalem
Gil Yaron,
Lesereise Jerusalem.
Das Gebet als Ortsgespräch
978-3-7117-1047-5
E-Book 978-3-7117-5213-0

Kambodscha
Erik Lorenz,
Lesereise Kambodscha.
Ein Tuk-Tuk in Angkor
978-3-7117-1057-4
E-Book 978-3-7117-5288-8

Kamerun
Fabian von Poser · Agnès Kah,
Lesereise Kamerun.
Im Angesicht des Gorillas
978-3-7117-1074-1
E-Book 978-3-7117-5341-0

Kanada
Helge Sobik,
Lesereise Kanada.
Der Mann hinter dem Regenbogen
978-3-85452-965-1
E-Book 978-3-7117-5104-1

Kanada Nord
Helge Sobik,
Lesereise Kanadas Norden.
Der Mann, der mit den Stürmen spricht
978-3-7117-1033-8
E-Book 978-3-7117-5179-9

Kanada West
Helge Sobik,
Lesereise Kanadas Westen.
Wo bitte geht es hier zum Grizzly?
978-3-7117-1079-6
E-Book 978-3-7117-5348-9

Kanarische Inseln
Claudia Diemar,
Lesereise Kanarische Inseln.
Archipel der Glückseligkeiten
978-3-85452-988-0
E-Book 978-3-7117-5016-6

Kastilien
Claudia Diemar,
Lesereise Kastilien.
Spaniens magische Mitte
978-3-7117-1016-1
E-Book 978-3-7117-5092-1

Katalonien
Christian Leetz,
Lesereise Katalonien.
Die ewige Suche nach des Esels Seele
978-3-85452-970-5
E-Book 978-3-7117-5053-2

Kopenhagen
Barbara Denscher,
Lesereise Kopenhagen.
Der Philosoph und die Meerjungfrau
978-3-7117-1027-7
E-Book 978-3-7117-5166-9

Korsika
Susanne Schaber,
Lesereise Korsika.
Wo Belle Époque auf Wildnis trifft
978-3-7117-1083-3
E-Book 978-3-7117-5361-8

Kroatien
Tomo Mirko Pavlović,
Lesereise Kroatien.
Krawatten, Schlösser, Weinberghäuser
978-3-85452-959-0
E-Book 978-3-7117-5057-0

Laos
Erik Lorenz,
Lesereise Laos.
Vom Schwinden der Silberfäden
978-3-7117-1048-2
E-Book 978-3-7117-5214-7

Lappland
Barbara Schaefer,
Lesereise Lappland.
Nordlicht, Joik und Rentierschlitten
978-3-85452-992-7
E-Book 978-3-7117-5019-8

Neu

Latium
Veronika Eckl,
Lesereise Latium.
Hinter Rom beginnt das Zauberland
978-3-7117-1086-4
E-Book 978-3-7117-5364-9

Linz
René Freund,
Lesereise Linz.
Donau, Stahl und Wolkenklang
978-3-85452-983-5

Neu

Lissabon
Martin Zinggl,
Lesereise Lissabon.
In der Wehmut liegt die Kraft
978-3-7117-1076-5
E-Book 978-3-7117-5349-6

London
Martin Müller,
Lesereise London.
Lizenz zur Weltstadt
978-3-7117-1055-0
E-Book 978-3-7117-5286-4

Madeira
Rita Henss,
Lesereise Madeira.
Blütenwolken, Wein und ewig Frühling
978-3-7117-1014-7
E-Book 978-3-7117-5090-7

Malediven
Stefanie Bisping,
Lesereise Malediven.
Der Trompetenfisch in der Lagune
978-3-7117-1001-7
E-Book 978-3-7117-5037-2

Mallorca
Brunhild Seeler-Herzog,
Lesereise Mallorca.
Fiesta im Schnee der Mandelblüten
978-3-7117-1005-5
E-Book 978-3-7117-5034-1

Mallorca
Helge Sobik,
Lesereise Mallorca.
Miró und der Mann mit der Mandarinenkiste
978-3-7117-1018-5
E-Book 978-3-7117-5112-6

Marokko
Walter M. Weiss,
Lesereise Marokko.
Im Labyrinth der Träume und Basare
978-3-85452-993-4
E-Book 978-3-7117-5022-8

Mauritius
Stefan Slupetzky,
Lesereise Mauritius
Zum Segatanz unter dem Flammenbaum
978-3-7117-1066-6
E-Book 978-3-7117-5315-1

Mekong
Bernd Schiller,
Lesereise Mekong.
Vom Dach der Welt zum Delta der neun Drachen
978-3-7117-1040-6
E-Book 978-3-7117-5182-9

Mexiko
Peter Burghardt,
Reportage Mexiko.
Der Heiland und die Drogenbarone
978-3-85452-962-0
E-Book 978-3-7117-5067-9

Myanmar/Burma
Christoph Hein · Udo Schmidt,
Reportage Burma/ Myanmar.
Die Zukunft hat begonnen
978-3-7117-1072-7
E-Book 978-3-7117-5327-4

Myanmar/Burma
Bernd Schiller,
Lesereise Myanmar/ Burma.
Gute Geister im Land der goldenen Pagoden
978-3-85452-994-1
E-Book 978-3-7117-5020-4

Namibia
Fabian von Poser,
Reportage Namibia.
Durch die Augen des Geparden
978-3-85452-975-0
E-Book 978-3-7117-5040-2

Nepal
Martin Zinggl,
Lesereise Nepal.
Im Land der stillen Helden
978-3-7117-1069-7
E-Book 978-3-7117-5322-9

Neuseeland
Joscha Remus,
Lesereise Neuseeland.
Der Kuss der langen weißen Wolke
978-3-85452-960-0
E-Book 978-3-7117-5059-4

New York
Sebastian Moll,
Lesereise New York.
Uptown Blues in der funkelnden Metropole
978-3-7117-1030-7
E-Book 978-3-7117-5167-6

Inseln des Nordens
Barbara Schaefer · Rasso Knoller,
Lesereise Inseln des Nordens.
Von Island bis Spitzbergen
978-3-85452-957-6
E-Book 978-3-7117-5060-0

Nordfriesische Inseln
Kristine von Soden,
Lesereise Nordfriesische Inseln.
Wolkenbilder, Watt und Meeresköche
978-3-7117-1013-0
E-Book 978-3-7117-5093-8

Nordseeküste
Wolfgang Stelljes,
Lesereise Nordseeküste.
An der Waterkant zwischen Ems und Elbe
978-3-85452-981-1
E-Book 978-3-7117-5095-2

Normandie
Stefanie Bisping,
Lesereise Normandie.
Der Austernzüchter lädt zum Calvados
978-3-7117-1029-1
E-Book 978-3-7117-5168-3

Neu

Norwegen
Gabriele Haefs,
Lesereise Norwegen.
Drei Wikingerschiffe und ein verwunschener Wald
978-3-7117-1082-6
E-Book 978-3-7117-5360-1

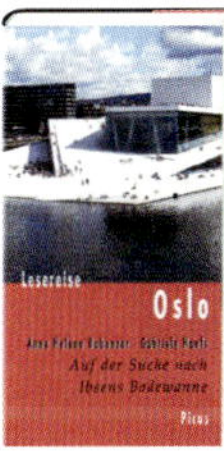

Oslo
Anne Helene Bubenzer · Gabriele Haefs,
Lesereise Oslo.
Auf der Suche nach Ibsens Badewanne
978-3-85452-973-6
E-Book 978-3-7117-5048-8

Palästina
Gil Yaron,
Lesereise Israel/Palästina.
Zwischen Abraham und Ibrahim
978-3-7117-1020-8
E-Book 978-3-7117-5118-8

Papua-Neuguinea
Rasso Knoller,
Lesereise Papua-Neuguinea.
Im Land der dunklen Geister
978-3-7117-1026-0
E-Book 978-3-7117-5119-5

Paris
Rudolph Chimelli,
Lesereise Paris.
Lokaltermin bei Mona Lisa
978-3-85452-968-2
E-Book 978-3-7117-5049-5

Neu

Peking
Johnny Erling,
Lesereise Peking.
Vorfahrt für die Rote Fahne
978-3-7117-1078-9
E-Book 978-3-7117-5350-2

Peloponnes
Nicole Quint,
Lesereise Peloponnes.
Alexis Sorbas und der getürkte Grieche
978-3-7117-1035-2
E-Book 978-3-7117-5180-5

Persischer Golf
Helge Sobik,
Reportage Persischer Golf.
Sand zu Gold, Wüste zu Geld
978-3-85452-961-3
E-Book 978-3-7117-5066-2

Indien
Karin Steinberger,
Reportage Indien.
Die Wut der Frauen und das beste Omelette des Subkontinents
978-3-7117-1075-8
E-Book 978-3-7117-5340-3

Indien Nord
Bernd Schiller,
Lesereise Indiens Norden.
Ein Turban voller Wunder
978-3-7117-1070-3
E-Book 978-3-7117-5326-7

Indien Süd
Bernd Schiller,
Lesereise Südindien.
Wunderwelten zwischen Mythos und Morgenrot
978-3-7117-1028-4
E-Book 978-3-7117-5170-6

Indonesien
Bernd Schiller,
Lesereise Indonesien.
Java, Bali und andere Sehnsuchtsinseln
978-3-7117-1061-1
E-Book 978-3-7117-5299-4

Iran
Carola Hoffmeister,
Reportage Iran.
Schwarze Schleier, grüne Fahnen
978-3-85452-986-6
E-Book 978-3-7117-5006-8

Irland
Ralf Sotscheck,
Lesereise Irland.
Grüner Fels in wilden Zeiten
978-3-7117-1067-3
E-Book 978-3-7117-5324-3

Island
Susanne Schaber,
Lesereise Island.
Fluss passiert, Eis in Sicht
978-3-7117-1049-9
E-Book 978-3-7117-5212-3

Israel
Gil Yaron,
Lesereise Israel.
Party, Zwist und Klagemauer
978-3-85452-989-7
E-Book 978-3-7117-5023-5

Israel
Gil Yaron,
Lesereise Israel/Palästina.
Zwischen Abraham und Ibrahim
978-3-7117-1020-8
E-Book 978-3-7117-5118-8

Istanbul
Joscha Remus,
Lesereise Istanbul.
Der Sternenwind am Bosporus
978-3-7117-1004-8
E-Book 978-3-7117-5032-7

Italien
Dorothea Löcker · Alexander Potyka (Hg.),
Lesereise Kulinarium Italien.
Oliven, Wein und jede Menge Pasta
978-3-85452-996-5
E-Book 978-3-7117-5018-1

Jakobsweg
René Freund,
Lesereise Jakobsweg.
Zu Fuß bis ans Ende der Welt
978-3-85452-966-8
E-Book 978-3-7117-5009-9

Japan
Judith Brandner,
Reportage Japan.
Außer Kontrolle und in Bewegung
978-3-7117-1017-8
E-Book 978-3-7117-5097-6

Japan
Judith Brandner,
Reportage Japan.
Kratzer im glänzenden Lack
978-3-85452-997-2
E-Book 978-3-7117-5014-3

Kirsten Flagstad erklärte sich bereit, pünktlich zu den Proben zu erscheinen und nicht mit den Wikingern zu prahlen, im Gegenzug bekam sie von der Met »drei persönliche Sklaven« gestellt und vor und nach jeder Probe und Vorstellung zwei große Humpen Porterbier serviert.

Aulestad und Bjerkebæk

So wohnt es sich mit Nobelpreis

Wer einen Literaturnobelpreis nach Norwegen holt, muss sich einen Bauernhof anschaffen, das scheint eine feste Regel zu sein. Knut Hamsun, Bjørnstjerne Bjørnson und Sigrid Undset haben es getan, was beim nächsten Mal passieren wird, wenn dieser Preis nach Norwegen geht, bleibt abzuwarten. Von den drei Nobelpreishöfen liegen zwei in Mittelnorwegen in Mjøsa-Nähe. Anders als Hamsuns Gut Nørholmen an der Südküste, das weiterhin von der Familie genutzt wird, sind Aulestad und Bjerkebæk heute Museen und literarische Gedenkstätten.

Aulestad, circa zwanzig Kilometer nördlich von Lillehammer im Dorf Gausdal gelegen, diente Bjørnson und seiner Familie schon ab 1875 als Wohnsitz, modern und komfortabel eingerichtet werden konnte es jedoch erst nach 1903, als der Dichter mit dem Nobelpreis ausgezeichnet wurde. Während sich Bjørnsons Rivale und Erzfeind Ibsen in seiner Osloer Wohnung eine komfortable Badewanne leisten konnte, gab es in Aulestad nur eine Sitzbadewanne, das Badewasser wurde in der Küche in einem großen Bottich erwärmt und dann in Kannen ins Badezimmer getragen. Und wenn wir ergriffen vor Bjørnsons Sitzbadewanne stehen, erfahren wir, dass er in seinem dichterischen Überschwang gleich sechs davon anschaffen ließ, für jedes Schlafgemach eine – Frau Karoline, die die Finanzen der Familie hütete, ließ fünf wieder zurückgehen, für solche Extravaganzen war sie nicht zu haben. In Aulestad hat man immer wieder das Gefühl, der Dichterfürst sei nur mal eben ins Dorf gefahren, seine Notizen liegen herum, sein Nachthemd (mit schönen Rüschen besetzt!) hängt neben der Badewanne, in der Küche ist die letzte Einkaufsliste zu sehen (der Haushalt brauchte Brot, Bier und Kaffee), und Reliquien aus der Kindheit des Dichters sind liebevoll aufbewahrt, zum Beispiel ein zerkratzter Zinnlöffel, mit dem der kleine Bjørnstjerne einst im väterlichen Schweinestall versuchte, den Schweinen Tischmanieren beizubringen (ein Versuch, dem die um ihr Hausgerät besorgte Mutter ein rasches Ende setzte). Auf dem Balkon, der einen wunderbaren Blick über das Gausdal bietet, können wir Blaubeerpfannkuchen nach des Dichters Lieblingsrezept verzehren und dazu Kakao trinken. Zwar nicht im legendären Kessel für fünfzig Liter gekocht – jedes Jahr am 17. Mai, dem norwegischen Nationalfeiertag, luden Bjørnsons die Schulkinder von Gausdal zu Kakao und Kuchen ein – dennoch und kurzum: Aulestad ist ein Erlebnis. Nur eines gibt es nicht: Bjørnsons Bücher werden hier nicht verkauft. Auf Nachfrage im Kiosk gibt es nur Stirnrunzeln, Bücher von Bjørnson? Auf so eine Idee kommen wohl nur Touristen.

Hierzulande ist Bjørnstjerne Bjørnson fast vergessen, oder höchstens als Nobelpreisträger und wegen seines originellen Namens in Erinnerung. Den Namen verdankt er einem Sternbild: In der Nacht seiner Geburt, 1832, war der Große Bär, Norwegisch »Bärenstern«, also Bjørnstjerne, so hell zu sehen, dass Pastor Bjørnson, der Vater, es für ein

Omen hielt und diesen ungewöhnlichen Namen für seinen Sohn aussuchte. In Norwegen ist Bjørnson allgegenwärtig, sein Standbild, trotzig, breitbeinig, steht vor dem Osloer Nationaltheater, er hat die norwegische Nationalhymne geschrieben und ein Gedicht, in dem Oslo als Tigerstadt bezeichnet wird, die alle verschlingt, die sich dorthin verirren. In Oslo ist man sehr stolz auf diesen Beinamen, überall im Stadtbild stehen Tiger herum, so wie in Berlin Bären. Was Bjørnson sonst geschrieben hat, wird auch in Norwegen derzeit eher wenig wahrgenommen. Dabei lohnt sich die Lektüre wirklich!

Bjørnson und Ibsen waren zu ihren Lebzeiten sozusagen ein dichterisches Zwillingspaar, wurden überall in einem Atemzug genannt, trugen den göttlichen Beinamen die »nordischen Dioskuren«. Dass sie sich gegenseitig eigentlich nicht riechen konnten und jeder den anderen zu gern in aller Öffentlichkeit verspottete, zieht die Dioskuren dann aufs menschliche Niveau herab. Sie schrieben oft über die gleichen Themen, über alles, was die Gesellschaft gerade berührte, Bürgerrechte, Frauenbewegung, Umweltverschmutzung, Tierschutz, die norwegische Unabhängigkeit, Heuchelei ganz allgemein, Bigotterie und Vorurteile. Anders als Ibsen aber mischte Bjørnson sich in alles ein, bezog Stellung, stritt sich mit aller Welt herum und brachte seine Theaterstücke, Romane und Kurzgeschichten dann oft im ersten Zorn zu Papier. Und das merkt man, er ist wütend, versucht gar nicht erst, objektiv zu sein, polemisiert, es ist eine wahre Freude – nur ist dann heute oft nicht mehr so klar, was der konkrete Anlass war. Ibsen dagegen äußerte sich prinzipiell nicht zum Tagesgeschehen, wartete ab, bis sich der von Bjørnson aufgewirbelte Staub gelegt hatte, dann destillierte er daraus seine Stücke von eiskalter Eleganz, die so vage sind, dass sie heute in aller Welt aufgeführt werden und alle sich davon angesprochen fühlen können.

Einen Hinweis auf Bjørnsons vielfältige Aktivitäten und auch auf die Achtung, die er genoss, finden wir in der Küche von Aulestad: eine bestickte Tischdecke. Bestickt wurde das Prachtstück von den Damen des schwedischen Komitees für das Frauenstimmrecht, als Dank für die Unterstützung durch den glühenden Feministen (wie man heute sagen würde) Bjørnson. Jede hat ihr Monogramm eingestickt, und wir finden auch ein S. L. – aber ob das wirklich von Selma Lagerlöf stammt, ist nicht zu beweisen. Übrigens hat sich auch die schwedische Dichterfürstin von ihrem Nobelpreis damals einen Bauernhof gekauft!

Eine andere Nobelpreisträgerin, zu der Bjørnson eine enge Freundschaft pflegte, war Bertha von Suttner (auch von ihr finden wir ein Bildnis in Aulestad), die als erste Frau 1905 mit dem Friedensnobelpreis ausgezeichnet wurde. Die damalige Friedensbewegung lag Bjørnson ebenfalls am Herzen. Seine Gespräche mit Bertha von Suttner wurden schon 1899 veröffentlicht. Tatsächlich galt er einige Jahre als heißer Favorit für den Friedensnobelpreis, und es gab durchaus überraschte Kommentare, als es dann der Literaturnobelpreis wurde.

Bekannt ist Bjørnson in Norwegen auch weiterhin durch viele Anekdoten, denn groß sind seine Verdienste in vielen Bereichen, aber Bescheidenheit war nicht gerade seine Zier. Hier ist ein typisches Beispiel:

Bjørnson war irgendwo per Schiff auf Reisen und fand, vom Kapitän nicht mit dem ihm gebührenden Respekt behandelt zu werden. Und sprach: »Wissen Sie nicht, wer ich bin? Ich bin der berühmteste Norweger überhaupt!« Worauf der Kapitän erwiderte: »Ach, das wusste ich doch nicht. Ich bitte um Vergebung, Herr Lysholm!« (Für alle Nicht-Aquavitkenner: Die Brennerei Lysholm in Løten ist die Heimat der bekanntesten norwegischen Aquavitsorten, auch der berühmte Linie-Aquavit stammt von dort.)

Fast noch mitten in Lillehammer dagegen, ein kleines Stück unterhalb des Freilichtmuseums Maihaugen, liegt Bjerkebæk, der Hof von Sigrid Undset (1882–1949), Norwegens bisher einzige Literaturnobelpreisträgerin. Sie repräsentiert sozusagen die Generation nach Bjørnson, und wie er fing sie als Bürgerschreck an. Eigentlich wollte sie Malerin werden, oder noch lieber Archäologin, ihr Vater Ingvald Undset war damals ein international angesehener Altertumsforscher. Einer solchen Karriere hätte also nichts im Weg gestanden, zumal inzwischen auch in Norwegen Mädchen Abitur machen und studieren durften, aber Ingvald Undset starb, als seine Tochter auf dem Gymnasium gerade erst die Mittelstufe erreicht hatte. Als Student in Rom hatte er es offenbar ein wenig zu toll getrieben, was sich dann Jahre später rächte, er starb an Syphilis. Sein Tod war für Sigrid von mehrfacher Bedeutung. Zum einen musste sie von der Schule abgehen und sich Arbeit suchen, um ihre lebensuntüchtige Mutter und die beiden kleinen Schwestern zu unterstützen. Zum anderen tauchen in ihren Romanen immer wieder Frauen auf, die von der Angst gequält werden, ihr Mann könnte eine alte Geschlechtskrankheit verheimlichen, die dann später auf die Kinder übergreift. In ihrem eigenen Leben passierte dann auch genau das: Ihr Ehemann, der Maler Anders Svarstad, hatte aus einer früheren Beziehung schon zwei Töchter, beide behindert (es ist bis heute nicht klar, was die Ursache war, nach damaligem Wissensstand schien eine Syphiliserkrankung der wahrscheinlichste Grund zu sein), und nach zwei gesunden Söhnen brachte auch Sigrid eine behinderte Tochter zur Welt. Dass sie Herrn Svarstad dann vor die Tür setzte, lag jedoch nicht daran. Was sie gar nicht ertragen konnte, war sein fanatischer Antisemitismus. Damit wir uns ein richtiges Bild von ihm machen können: 1933 reiste er nach Nazideutschland und veröffentlichte begeisterte Artikel in der norwegischen Presse, vor allem dass endlich die »entartete Kunst« und die »Schmierereien« seines Landsmannes Edvard Munch aus den Museen verschwanden, fand er wunderbar. In Bjerkebæk suchen wir Hinweise auf seine Existenz im Leben der Hausherrin vergeblich, nur ein hölzernes Himmelbett, das der geschickte Svarstad gezimmert hat, ist dort noch vorhanden.

Sigrid Undsets literarische Karriere begann mit einem Skandal. »Ich habe meinen Mann betrogen«, lautet der erste Satz in ihrem ersten Roman, »Frau Marta Oulie«, 1907 (auf Deutsch ist dieses skandalöse Werk übrigens erst 1998 erschienen). Dass eine unverheiratete junge Dame so etwas schrieb, reichte damals schon aus, um sie in Verruf zu bringen. Im nächsten Roman, »Jenny«, 1911, hat die Titelheldin dann ein Verhältnis zuerst mit einem jungen und dann mit einem älteren Mann, dem Vater des jungen, und das wirkte damals noch skandalöser, fast schon wie Inzest.

Doch fast als wollte sie sich durchaus nirgendwo einordnen lassen, trat Sigrid Undset zum Katholizismus über, im stocklutherischen Norwegen abermals ein Skandal. Deutsche und österreichische Pfarrbibliotheken wollten allerdings ihre Bücher nicht im Bestand haben, weil dort zu offen und positiv über sexuell aktive Frauen berichtet werde. Während Knut Hamsun in den dreißiger Jahren seine Huldigungen an Nazideutschland fast überall in der norwegischen Presse unterbringen konnte, fand Sigrid Undset nur mit Mühe eine Veröffentlichungsmöglichkeit für den von ihr initiierten Aufruf zur Solidarität mit dem im KZ geschundenen Carl von Ossietzky. Als 1940 deutsche Truppen Norwegen besetzten, stand ihr Name ganz oben auf der Liste der von der Gestapo zur Festnahme erwünschten Persönlichkeiten, nur eine abenteuerliche Flucht auf Skiern durch die verschneiten Gebirge vor der schwedischen Grenze konnte sie retten.

Als sie nach Kriegsende aus dem Exil zurückkehrte, war ihre Gesundheit ruiniert, literarische Pläne blieben unvollendet, und sie hatte nicht mehr die Kraft, Bjerkebæk so wieder herzustellen, wie es gewesen war. Dort hatten nämlich die Nazis gewütet, und so fehlt es an so wunderbaren Erinnerungsstücken wie Bjørnsons Schweinelöffel (wenn wir also von Svarstads Himmelbett absehen). Nach Undsets Tod wurden Haus und Hof zuerst von Sohn und Schwiegertochter genutzt, später fiel es an zwei Nichten der Schwiegertochter, erst 2007 wurde es als Museum und kulturelle Begegnungsstätte eröffnet. Aber wir können durch den prachtvollen Garten wandern, wo noch von Undset selbst angelegte Kräuterbeete erhalten sind. Wir sehen die alten Wirtschaftsgebäude, die jetzt als Seminarräume dienen. An Devotionalien ist ihre Olivetti-Schreibmaschine zu bewundern, auf der die meisten ihrer Werke entstanden sind, und hinreißend ist ihr Badezimmer. Das ließ sie 1930 nach damals neuestem Stand einrichten, fließend Wasser, eine Badewanne, alles wirkt mit heutigem Blick kurios und altertümlich, ihre Kinder aber nannten es ehrfürchtig das »Hollywoodbad«, weil sie eine solche Pracht bisher bloß aus Filmen kannten. Wohnhaus und Nebengebäude dürfen nur im Rahmen einer Führung besichtigt werden, manchmal wird dabei in einem der alten Nebengebäude ein kleines Gästezimmer gezeigt. Hier logierte Sigrid Undsets persönlicher Beichtvater, wenn er die Gegend besuchte (in Hamar gab es eine kleine katholische Gemeinde), und ob er seiner Gastgeberin damals nur die Beichte abgenommen oder ihr auch andere Dienste erwiesen hat, ist ein beliebter Gegenstand der Spekulation. Fest steht nur, dass Sigrid Undset nie getan hat, was von ihr erwartet wurde – nur, was wäre in diesem Fall zu erwarten gewesen?

Neben den alten Holzhäusern des ursprünglichen Hofes gibt es seit der Eröffnung als Museum eine Art Betonzacken von beträchtlicher Scheußlichkeit, der ein Restaurant, einen Vortragssaal und einen Kiosk enthält. Und im Kiosk sind, anders als in Aulestad, auch Bücher der Hausherrin erhältlich, eine geringe Auswahl zwar nur, aber man wird dann ja doch dankbar auch für solche Kleinigkeiten.

Wie in Moss einmal Weltgeschichte geschrieben wurde

Sir Roger und sein treuloser Liebhaber

Auf dem Ostufer des Oslofjords gibt es viele schöne Orte, die allesamt einen Besuch wert sind. Hvitsten, wo sich vor hundertvierzig Jahren der in ganz Europa berüchtigte Anarchist Hans Jæger durch Bäder von der Syphilis zu kurieren versuchte, Drøbak mit seinem berühmten Weihnachtsladen, Son mit den vielen pittoresken Kneipen, Hølen mit seiner ausgeflippten Architektur … Die Stadt Moss als Perle des Fjords zu bezeichnen, wäre sicher übertrieben, die meisten Norweger verbinden Moss vor allem mit seinem typischen Geruch, dem *mosselukt*, was einfach »Geruch von Moss« bedeutet. Ansonsten geht von Moss aus die Bastøyfähre über den Oslofjord nach Horten, und das jede halbe Stunde. Damit kann man sich den Umweg über Oslo sparen und außerdem westnorwegische *lefser* essen. *Lefser*, Singular *lefse*, ist eine Art süßer Kuchenfladen, und seit eine westnorwegische Fährgesellschaft diese Fährroute übernommen hat, gibt es auch in Ostnorwegen westliche Leckereien. Aber hier soll ja die Rede von Moss sein. Moss ist so eine Stadt, die auf den ersten Blick nach gar nichts aussieht, bei genauerem Hinsehen entdeckt man wunderschöne Ecken und will gar nicht mehr weg. In einem Winkel eine kleine Galerie, dann eine urige Kneipe, in der gerade eine lokale Bluesband spielt, ein altes hölzernes Bootshaus, in dem Lesungen stattfinden, immer wieder Dinge, die man Moss gar nicht zugetraut hätte. Aus Moss stammen zudem einige Menschen, die Norwegens Kulturleben entschieden beeinflusst haben: Jon Michelet, Norwegens einflussreichster Krimiautor, die Filmregisseurin Eva Isaksen und der Schriftsteller Ari Behn, der zwischendurch auch als Prinzgemahl Furore machte (seine Ehe mit der norwegischen Prinzessin Märtha Louise ist allerdings seit 2016 beendet). Moss sieht aus wie eine Bretterstadt in Hollywoodwestern – aber mitten im Ort, in der Fußgängerzone, gibt es einen Block, der 1964 bei einem Wettbewerb für viereckige Häuser aus Beton den ersten Preis gewonnen hat! So unvorhersagbar ist eben Moss. Seine Karriere begann als Industriestadt, die meisten Arbeitsplätze waren in den Zellulosefabriken zu finden. Zellulose duftet bei der Verarbeitung nicht gerade nach Rosen, und so wurde Moss wegen seines peinlichen Gestanks berühmt und Reisende kamen her, um sich davon zu überzeugen, dass es wirklich so schlimm war – dann liefen sie ganz schnell zur Fähre. Mit dem Gestank ist es heute nicht mehr weit her. Besucher, die sich nicht auf den neuesten Informationsstand gebracht haben, klagen inzwischen oft, weil es in Moss auch nicht schlimmer riecht als in anderen Städten mit hohem Verkehrsaufkommen. Das liegt daran, dass mehrere Fabriken aus der Innenstadt verbannt oder gleich stillgelegt wurden. Und dann kamen die Fabrikbesitzer auch noch auf die Idee, durch allerlei moderne Vorrichtungen die Geruchsentwicklung zu minimalisieren! Als diese Pläne bekannt wurden, erhob sich in Moss lautstarker Protest, denn ohne den *Mosselukt*, was haben wir denn dann noch? Wie soll man Touristen in eine Stadt locken, die außer einem preisgekrönten Betonklotz so gar keine Attraktionen hat? Es half aber nichts, der Geruch ist verflogen, auch wenn Reisende immer noch hoffnungsvoll fragen, wo sie ihn denn besonders gut wahrnehmen können.

Die Mossianer sehen ihre Stadt und deren Schönheiten eher leidenschaftslos. So sagt Aage Træffen, Lehrer in Moss, er kommt aus dem wilden Finnskogen und müsste Moss als Tor zur Welt betrachten: »Eigentlich ist es der größte Vorteil von Moss, dass man hier leicht wegkommt (gute Verkehrsverbindungen). Und wo du schon die Zellulosefabriken erwähnt hast: Die ehemaligen Fabrikanlagen werden jetzt zu einem ganz neuen Stadtteil ausgebaut, und auf jeden Fall wird es interessant sein zu sehen, wie so ein neuer Stadtteil mit Seeblick und in Zentrumsnähe dann aussehen wird. Aber man kann auch sagen, dass viele Leute von Moss einen negativen Eindruck haben, ehe sie überhaupt hergekommen sind – nicht zuletzt, weil alle vom *Mosselukt* gehört haben. Und dann ist es leicht, angenehm überrascht zu werden, vor allem über die Nähe zu Fjord und Stränden und zu den Kulturdenkmälern auf Jeløy und in der Umgebung der Stadt.«

Dass in Moss einmal Weltgeschichte geschrieben wurde, ist dort erst neuerdings bekannt. Die Sache begann aber in Kristiania, wie Oslo damals hieß. Dort hielt sich 1915 ein prominenter Gast auf. Der irische Menschenrechtler Sir Roger Casement mietete sich im Grand Hotel ein. Eigentlich war sein Besuch schon früher erwartet worden, denn Sir Roger galt über mehrere Jahre als sehr wahrscheinlicher Kandidat für den Friedensnobelpreis. Aber nun war Krieg und der Friedenspreis wurde ausgesetzt. Der 1864 in Irland geborene Casement stammte, anders als sein Titel vermuten lässt, nicht aus einem Adelshaus. Der junge Mann aus kleinen Verhältnissen hatte sich im britischen Konsulatsdienst so halbwegs nach oben gearbeitet, wurde nach Afrika versetzt und stellte im Kongo fest, dass in dieser belgischen Kolonie die einheimische Bevölkerung auf damals unvorstellbar grauenhafte Weise ausgebeutet wurde. Das machte er publik und wurde dafür mit höchsten Ehren überhäuft und eben in den Adelsstand erhoben. Dass er sich danach in Südamerika umsah und darauf hinwies, dass sich die britischen Kautschukunternehmen dort ebenso übel aufführten wie die belgischen Kolonialherren im Kongo, kam in Großbritannien nicht mehr so gut an. Und als Sir Roger dann noch immer häufiger erklärte, dass Irland nun endlich unabhängig werden müsste, geriet er in London endgültig in Verruf. Nach Kristiania kam er 1915, weil er eigentlich nach Berlin wollte, aber die Reise war ein Jahr nach Beginn des Ersten Weltkriegs nur über das neutrale Norwegen möglich.

Sir Roger reiste damals nicht allein. Sein Begleiter war ein junger Mann aus Moss, Eivind Adler Christensen, geboren 1890 dort in der Fleischers gate 43, heute Storgata 26. Die Fassade des Hauses ist erhalten und steht unter Denkmalschutz (noch so ein verstecktes mossisches Juwel), allerdings nur aus architektonischen Gründen. Der kleine Eivind, oder

Adler, wie er sich später nannte, tat sich schon früh als jugendlicher Delinquent hervor, wurde mit sechzehn verhaftet, weil er Geld, Stiefel und ein Hufeisen gestohlen hatte, worauf er zeittypisch von seiner geplagten Familie zur See geschickt wurde. Christensen, der eigentlich eher einen Blick für die Damenwelt hatte (und allen Zeitzeugenaussagen nach ungeheuer charmant sein konnte), blieb in New York hängen und bestritt seinen Lebensunterhalt der Einfachheit halber durch Herrenbekanntschaften, da die Herren offenbar bereitwilliger zahlten. Casement, dessen Tagebuch und Briefe zeigen, dass er den kleinen Schurken Adler Christensen tief und innig liebte, zahlte. Und weil er ohnehin nach Norwegen musste, nahm er seinen norwegischen Liebhaber, der als Diener und Sekretär ausgegeben wurde, eben mit.

Casement wollte in Berlin mit Regierungsvertretern über deutsche Unterstützung für den für 1916 geplanten irischen Aufstand verhandeln und führte in Kristiania erste Gespräche in der deutschen Botschaft. Der treulose Liebhaber Adler Christensen suchte derweil die britische Botschaft auf und verriet diese Pläne. Um besonders glaubwürdig zu wirken, bezichtigte er sich »widernatürlicher Beziehungen« zu seinem Chef und spielte den reuigen Sünder. Der britische Botschafter entlohnte ihn entsprechend, Christensen aber versuchte sich als Doppelagent, um auch von deutscher Seite zu kassieren. Er begleitete Casement nach Berlin und verkehrte in höchsten Kreisen, traf nicht nur die oberste Heeresleitung, sondern auch den Theatermann Bjørn Bjørnson (Sohn von Bjørnstjerne), der damals in Berlin lebte, den irischen Dichter Joseph Plunkett, der 1916 nach dem Osteraufstand in Irland hingerichtet wurde, und den indischen Unabhängigkeitskämpfer Virendranath Chattopadhyaya. Es kam sogar zu Begegnungen mit Angehörigen der Kaiserfamilie, denn einige der irischen Revolutionäre wünschten sich für das unabhängige Irland der Zukunft einen deutschen König, und Casement sollte vorfühlen, ob Prinz Joachim, der jüngste Sohn von Wilhelm II., Interesse an dem Posten haben könnte. Christensen scheinen diese großen Namen nicht so richtig beeindruckt zu haben, ihm ging es ja ums Geld. Wenn er deshalb keine aufsehenerregenden Nachrichten übermitteln konnte, erfand er eben welche. Das Chaos, das er damit anrichtete, schildert der norwegische Autor Bjørn Godøy eindrucksvoll in seinem 2016 erschienen Buch über die Affäre.

Zuvor war der Name Adler Christensen in Moss kein Begriff gewesen, die Familie hatte jahrzehntelang betreten geschwiegen, Kontakt zu Adlers Kindern in den USA hatte niemand. Wenn man nach ihm fragte, stieß man außerhalb der Familie auf totale Unkenntnis. Über Casement gibt es viele Bücher, Godøy aber stellt Christensen in den Vordergrund und zeichnet dessen Lebensweg mit Verrat, Betrügereien und im Stich gelassenen Familien nach. Deshalb erfahren wir auch endlich, was nach Casements Tod aus Adler wurde. Er überlebte sein Opfer um fast zwanzig Jahre, 1935 starb er, von Drogen, Alkohol und Syphilis entkräftet, in einem französischen Gefängnis. Was er in Frankreich wollte, ist bis heute unklar. Ob er seinen Verrat je bereut hat, wissen wir auch nicht.

Casement wurde nach einem aufsehenerregenden Schauprozess, in dem es mehr um seine homosexuellen Aktivitäten als um seine politischen ging, 1916 in London hingerichtet, der Osteraufstand 1916 endete blutig unter britischem Kanonenfeuer. Was passiert wäre, wenn Adler Christensen in Moss geblieben wäre, ist ein beliebtes Diskussionsthema unter irischen Historikern. Vielleicht wäre gar nichts anders gekommen. Andererseits hätte ein erfolgreicher Aufstand in Irland Unabhängigkeitsbewegungen in anderen Kolonien inspiriert, sehr viel britische Kraft von den europäischen Kriegsschauplätzen abgezogen, der Erste Weltkrieg hätte viel früher enden können, ohne Versailler Vertrag – das alles sind Spekulationen, zu denen nun auch in Moss eifrig beigetragen wird. Dass Adler Christensen aber jemals in den Rang eines »großen Sohnes der Stadt« erhoben wird, ist bei seinem schändlichen Treiben nicht zu erwarten. Doch ein bisschen stolz darauf, einen so fiesen Schurken hervorgebracht zu haben, ist man in Moss neuerdings schon.

Die Sami

Die ganz anderen Norweger

Die Sami leben ganz oben im Norden, früher wurden sie Lappen genannt. Das hörten sie gar nicht gern (Lappe ist ein Wort, das ursprünglich aus dem Finnischen stammt und so viel wie »Untermensch« oder »Barbar« bedeutet), und heute sagt »Lappe« wirklich nur noch, wer absolut keine Ahnung hat oder wer sein Gegenüber beleidigen möchte. Die Sami haben keinen eigenen Staat, sie leben in Norwegen, Schweden, Finnland und Russland, nennen ihr Siedlungsgebiet »Sápmi«, haben eine eigene Flagge und einen Nationalfeiertag, den 6. Februar. Schwierig ist die Frage zu beantworten, wie viele sie eigentlich sind – muss man dafür Samisch sprechen können oder reicht es, samische Eltern zu haben und sich samisch zu fühlen? Schwer zu entscheiden, besonders wenn wir uns klarmachen, wie weit die Zerstörung der samischen Kultur und damit der Identität inzwischen vorangeschritten ist. Dabei ist diese Kultur viel älter als die Nationalstaaten, die den Sami das Leben so schwer machen. Eine Schätzung geht derzeit von vierundfünfzigtausend Menschen aus, von denen etwa dreißigtausend in Norwegen leben. Aber das mit den vierundfünfzigtausend ist eben nur vage geschätzt, da offizielle Zahlen aus Russland fehlen und die inoffiziellen Angaben sich so gewaltig unterscheiden, dass sie überhaupt nicht weiterhelfen. Aber uns interessieren hier ja die dreißigtausend in Norwegen.

Der Staat Norwegen brüstet sich gern mit seinem vorbildlichen Umgang mit dieser ethnischen Minderheit, schließlich wurde den Sami 1989 sogar ein eigenes Parlament spendiert, das *Sameting*, wie es auf Norwegisch heißt (Samisch: *Sámediggi*). Klingt gut, vor allem wenn wir bedenken, dass es vorher jahrelange heftige Auseinandersetzungen um den Ausbau des Alta-Flusses zu einem gewaltigen Stausee gegeben hatte. Durch diese riesige Anlage wären wichtige Wanderwege der Rentiere zerstört worden, was wiederum die Existenzgrundlage der weiterhin traditionell lebenden Sami gefährdet hätte. Das waren damals noch etwa zehn Prozent, aber die alte Nomadenkultur hatte für weitaus mehr Menschen einen hohen Identifikationswert. Die Rentier-Sami leben von ihren Tieren, deren Produkte – Fleisch, Fett, Fell und Knochen – verkauft werden. Außerdem versorgen die Rentiere ihre Halter mit Leder und Sehnen für die Herstellung von Bekleidung und Zelten, und aus den Knochen werden allerlei Geräte und Schmuckstücke hergestellt.

Dass die Sami einfach mit ihren Tieren hin und her zogen, war den norwegischen Siedlern, die ab dem 16. Jahrhundert in immer größerer Anzahl in den Norden des Landes kamen, von jeher ein Dorn im Auge – wie soll man denn Landbesitz anständig vermessen und verteilen, wenn die Eingeborenen nach Lust und Laune durch die Gegend streunen, solche Klagen von geplagten Beamten lesen wir in den folgenden Jahrhunderten immer wieder. Dass die Eingeborenen dann auch noch eine unverständliche Sprache sprachen und unbegreifliche Götter verehrten, wurde auch gegen sie verwendet – kurz gesagt, sie sollten mit Bibel und Feuerwasser auf den rechten Weg gebracht und so nebenbei auch vom Nomadentum abgebracht werden. Kein Wunder, dass die Sami dann auch als die »Indianer des Nordens« bekannt wurden.

Das mit der Bibel klappte sehr gut, das mit dem Feuerwasser noch viel besser. Die Sami wurden zwangschristianisiert und suchten im Feuerwasser Trost, nachdem ihnen Kultur und Lebensraum gestohlen worden waren. Ihre bald sprichwörtlich gewordene Trunksucht bot den Eroberern dann wiederum neue Möglichkeiten, ihre Unterdrückungsmaßnahmen zu rechtfertigen – wenn dieses Volk permanent besoffen ist, kann es seine Angelegenheiten ja schließlich nicht selbst klären!

1850 fiel in Karesuando in Schweden ein samischer Pastor im Suff von der Kanzel – hier sehen wir die Segnungen der Zivilisation auf einen Blick. Und er war durchaus nicht der einzige einheimische Gottesmann, von dem ein solches Missgeschick belegt ist. Um dieselbe Zeit gründete der schwedisch-samische Prediger Lars Levi Læstadius (1800–1861) eine neue Sekte, die sich nach ihrem Begründer Læstadianer nannte und bis heute unter den Sami die vorherrschende Glaubensrichtung ist. Puritanische Lebensweise, Verzicht auf Alkohol und Stolz auf die samische Kultur sollten nach dem Willen des Gründers das Leben der Sektenmitglieder prägen, wobei es mit dem Stolz auf die samische Kultur lange nicht so richtig geklappt hat. Erst durch den Kampf gegen den Ausbau des Alta-Flusses kam ein neues Selbstbewusstsein auf, die Sami forderten Schulen in ihrer Sprache, überhaupt die Anerkennung ihrer Kultur. Schluss mit der Unterdrückung, hieß es, und sie bekamen – das *Sameting*. Was wunderbar klingt, aber im Ernstfall keine Hilfe ist, denn es hat nur beratende Kraft. Das samische Parlament kann also beschließen, was immer es will, die Regierung in Oslo kann den Beschluss mit einem Federstrich aufheben. Das zeigt sich zur Zeit wieder ganz besonders – die Regierung in Oslo vergibt Schürfrechte und die Erlaubnis für Probebohrungen an alle möglichen Gesellschaften, die die derzeit für die Herstellung von Mobiltelefonen so wichtigen Bodenschätze abbauen möchten und sich nicht weiter um die dabei entstehenden Umweltschäden scheren. Das samische Parlament sagte nein, hier wird nicht geschürft, die Regierung sagte, doch – und so geschah es. Was die frommen Læstadianer angeht, übrigens – bei allem Respekt vor Frömmigkeit und Gottesfurcht, manche ihrer Überlegungen wirken doch befremdlich. So diskutierten einige besonders puritanische Gemeinden, während ihre Bekannten und Verwandten aus anderen Dörfern in Alta Barrikaden bauten, über diese wichtige Frage: Dürfen læstadianische Haushalte Waschmaschinen mit Fenstern vorn in der Tür anschaffen? Es wäre doch möglich, dass sich die samischen Männer davorsetzen und angesichts der vorüberwirbelnden Damenunterwäsche auf sündhafte Gedanken verfallen. Sie konnten sich aber nicht einigen, ich glaube, die Frage ist bis heute unentschieden.

Das klingt jetzt alles ganz deprimierend, aber so ist es nicht. Die samische Kultur lebt und ist stärker denn je. An der Entscheidung für den norwegischen Titel zum Eurovision Song Contest (der in Norwegen wahnsinnig wichtig genommen wird und weiterhin Grand Prix heißt) nahm 2015 die junge Sängerin Emma Elliane teil, die ihr Lied auf Samisch vortrug. Es klang eigentlich genau so scheußlich wie alle anderen Grand-Prix-Lieder des Jahres, aber dass es überhaupt möglich ist, ein samisches Lied in die erste Runde des Rennens zu schicken, ist doch ein Fortschritt? Die weltbekannte samische Sängerin Mari Boine hat zeitweise ihre CDs in Deutschland aufgenommen, und derzeit ist überall in Europa viel samische Musik zu hören.

Hierzulande fand für viele die erste Begegnung mit samischer Musik aber wohl mit dem Film »Ofelaš« statt, der erste abendfüllende samische Spielfilm aus dem Jahr 1987 (übrigens für einen Oscar nominiert). »Ofelaš« – dieses samische Wort bedeutet Pfadfinder oder Fährtensucher. Allerdings: Der ganz große Erfolg für den Film blieb in Deutschland aus. In diesem Film bildet *joik* die ständige Hintergrundmusik und verschmilzt streckenweise mit der samischen Sprache zu einer ganz eigenen Melodie. Diese hatte Nils-Aslak Valkeapää geschaffen, an den hier erinnert werden soll. In der deutschen Übersetzung wurde darauf geachtet, dass nie von »Sami« oder »samisch« die Rede war, sondern von »Lappen«, zum Glück so ungefähr das letzte Mal, dass hierzulande irgendjemand dieses blödsinnige, verpönte Wort benutzt hat.

Joik zu beschreiben, den Gesangsstil, den Nils-Aslak Valkeapää erneuert und in alle Welt getragen hat, ist alles andere als einfach. Wie überhaupt einen

Gesangsstil schildern, ohne ihm klangliche Beispiele beifügen zu können? Uralte Gesangsform, besondere Kehlkopftechnik, keine festgelegte Melodiefolge, hochentwickelte Improvisation, traditionell immer Sologesang, keine Instrumentalbegleitung, das ist das theoretische Wissen. Wie sich das anhört, kann man sich deshalb aber noch immer nicht vorstellen. Wie lange die Sami schon *joiken*, wissen wir nicht. Sie haben keine Geschichtsbücher verfasst, hatten einen zyklischen, dem Kreislauf der Natur angepassten Zeitbegriff und lernten Jahreszahlen erst kennen, als sie »zivilisiert« wurden. Jahrhunderte ist dieser Gesangsstil jedenfalls alt, wenn nicht Jahrtausende. Männer und Frauen *joikten*, nicht nur *noaiden* (so heißt bei den Sami das, was anderswo »Schamane« genannt wird), wie manchmal zu lesen ist. Die vorhandenen Berichte über *joik* reichen nur wenige Jahrhunderte zurück, bezeichnenderweise ist die erste Erwähnung ein dänisches Gesetz von 1607, das *joik* mit der Todesstrafe belegte. Damals wurde offenbar bei religiösen Zeremonien *gejoikt*, bei Festen, bei Auseinandersetzungen, aber *joik* erschien auch als das geeignete Mittel, um über die Geschichte der Sami oder der eigenen Sippe zu berichten. Aufschlussreich ist ein Beispiel, das zu Beginn des 19. Jahrhunderts aufgezeichnet wurde. Es ging um einen »Sängerkrieg« zwischen *Noaide* (der als Vertreter des heidnischen »Barbarentums« besonders der Verfolgung durch die Kolonialmächte und ihre frommen Missionare ausgesetzt war) und *Dieb* (Symbol für die Eroberer). Die *noaiden* standen in dem Ruf, Rentiere in die Arme der samischen Jäger *joiken* zu können. Sollte es ihnen da nicht gelingen, die fremden Eindringlinge *wegzujoiken*? Und der *noaide* sang: »Scher dich weit weg von hier, dahin, wo du gekommen bist, ich werfe dich weit weg von hier.«

Eine schöne Vorstellung, leider schlug der Versuch fehl. *Joik*-Forscher sehen darin einen Grund für den Niedergang der *Joik*-Kultur seit dem 19. Jahrhundert. Die Gesellschaft, die diese Kultur entwickelt hatte, gab es nicht mehr, für die neu entstandenen Probleme bot *joik* keine Hilfe, und wer überleben wollte, musste sich der Kultur der norwegischen, schwedischen, finnischen oder russischen Eroberer anpassen, in der es für samische Dinge keinen Platz gab.

Doch manches überlebte, oft im Verborgenen. So erinnerte sich um 1990 der damals siebenundsiebzig Jahre alte Same Gaebpien Gästa: »Wir Südsami hielten *joik* für ausgestorben. Im Norden, wo die Sami in der Mehrheit waren, trotzten sie dem Verbot jahrhundertelang. Im Süden war der Druck stärker. Aber dann stellte sich heraus, dass *joiken* überlebt hatte, wenn auch fast in einem Komazustand. Eine kulturelle Äußerung lässt sich nur schwer durch Verbote ersticken, und in meiner Generation kam es immer noch vor, dass die Menschen im *Joiken* ihre Zuflucht suchten, wenn sie von starken Gefühlen überwältigt wurden. Durch *joik* lebten wir unsere Gefühle aus und wurden von den Visionen bereichert, die die Melodie uns schenkte.« Als die herkömmliche Lebensweise dieses Volkes immer mehr zerstört wurde, änderte sich auch das *Joiken*. Heute kennen wir vor allem kürzere Personen-*Joiks* oder Tier- und Naturbeschreibungen als Kombination von Wort und Melodie. Hier ein hübsches kleines Beispiel von Nils-Aslak Valkeapää:

Der Rentierstier ist so mächtig,
sein starkes Halshaar, sein mächtiges Geweih.
In der Brunftzeit verspüre ich
sonderbaren Neid.

Diesen Stil also reformierte der samische Dichter Nils-Aslak Valkeapää fast im Alleingang (auch wenn er das nie hören wollte und abwehrend auf die vielen Freunde und Kollegen verwies, mit denen er bei immer neuen Projekten zusammenarbeitete) und trug ihn in alle Welt. Seine Aktivitäten brachten ihm nicht von Anfang an nur Lob vonseiten seiner Landsleute ein, Puristen hielten manche seiner Neuerungen für »uneheliche Kinder«, wie er das ausdrückte, er selbst wurde von einem (weniger erfolgreichen) samischen Dichterkollegen als »Kaffeehaus-*Joiker*« geschmäht. Dass der *Joiker* sich von Synthesizern begleiten ließ, erboste sie ebenso wie ein frecher Text. Und vor beidem schreckte Valkeapää nie zurück:

Die Sommersonne scheint, brennt
vom offenen Meer weht ein warmer Wind
ich liege auf dem Rasen
gebe mich dem Sonnenlicht hin
und trinke Bier.

Mit dem Bier wollte er den strengen Læstadianern eins auswischen, die ja jeglichen Alkoholgenuss ablehnen.

Nils-Aslak Valkeapää wurde 1943 im finnischen Enontekiö geboren, seine Mutter kam aus Norwegen, und er verbrachte große Teile seines Lebens im norwegischen Skibotn. Kurz vor seinem Tod kündigte er sogar, frustriert vom finnischen Umgang mit samischen Belangen, an, demnächst die norwegische Staatsbürgerschaft annehmen zu wollen. Der junge Ailu, wie er von Freunden und schließlich von seinem ganzen Volk genannt wurde, machte eine Ausbildung als Grundschullehrer, doch in diesem Beruf hielt es ihn nicht lange. Er versuchte sich, überall sehr bald mit wachsendem Erfolg, als Musiker, Maler, Filmemacher, Komponist und immer wieder und vor allem als *Joiker*. Unbeeindruckt von allen Widerständen setzte er sich für die samische Kultur ein, was ihn in Kontakt mit den Vertretern anderer indigener Bevölkerungsgruppen brachte, und etliche Jahre war er Generalsekretär beim Weltrat der Urbevölkerungen. Auch als er dieses Ehrenamt niedergelegt hatte, blieb er eine Art samischer Botschafter in aller Welt – auf dem Höhepunkt seines Erfolgs trat er in samischer Tracht bei der Eröffnung der Olympischen Winterspiele 1994 in Lillehammer auf und konnte damit vor Fernsehzuschauern in aller Welt seine Kunst vortragen.

Er sang und dichtete, und das mit gleicher Schärfe und Eleganz auf Samisch, Finnisch und Schwedisch. Sein größtes Werk, »Beaivi, áhčážan« (»Sonne, mein Vater«), eine mehrere Hundert Seiten starke Kollage aus Zeichnungen, Fotos und Texten, ist vielleicht sein Meisterwerk und sicherlich sein Vermächtnis. Noch nie war ein samisches Buch für den Literaturpreis des Nordischen Rates nominiert worden, die höchste literarische Auszeichnung der nordischen Länder Norwegen, Schweden, Dänemark, Finnland und Island, doch 1990 war es dann so weit. Oder: sollte es so weit sein. Die Nominierung wurde vom zuständigen Gremium abgelehnt, denn Samisch sei beim Nordischen Rat nicht als Literatursprache vorgesehen. Das führte natürlich zu Protesten, half aber nichts. Vorschriften sind schließlich Vorschriften. Also übersetzte Valkeapää sein Werk ins Schwedische, und im nächsten Jahr wurde »Solen, min Far«, wie der schwedische Titel lautet, abermals oder erstmals nominiert. Und abgelehnt, es sei ja eine Übersetzung und Übersetzungen würden in den Vorschriften nicht berücksichtigt. Aber das ging nun doch zu weit, die Vorschriften wurden geändert, und der begehrte Preis ging zum ersten und bisher letzten Mal in seiner Geschichte ins Samenland.

Die Preisverleihung, die jedes Jahr in einer anderen nordischen Hauptstadt arrangiert wird, fand in Kopenhagen statt und wurde im Rundfunk übertragen. Der Moderator hatte ganz offenkundig seine Vorstellungen von samischen Dichtern, die ihr Leben allein im wilden Hochland verbringen, im Tête-à-Tête mit ihrem getreuen Rentier. Und so fragte er den Preisträger: »Wie finden Sie es denn so, in die Großstadt zu reisen und einen Preis entgegenzunehmen?« Der Preisträger überlegte. Dann antwortete er freundlich: »Nett.« Der Moderator schwieg verblüfft, holte tief Atem und stellte die Frage, die alle seine heimlichen Vorurteile zum Ausdruck brachte: »Ja, aber, ist es nicht ein ganz besonders aufregendes Erlebnis, hier in dieser Stadt unter so vielen Menschen zu sein?« Valkeapää überlegte wieder. Und dann sagte er auf seine langsame, ruhige und unnachahmliche Weise: »Ach, wissen Sie, vorgestern war ich in Tokio. Da waren noch mehr Menschen.«

Der Literaturpreis, der Auftritt bei den Olympischen Spielen, Einladungen zu Lesungen in aller Welt – alles schien darauf hinzuweisen, dass hier der zukünftige erste samische Literaturnobelpreisträger zu bewundern war. Doch dann war alles auch schon wieder zu Ende. 1996 wurde Nils-Aslak Valkeapää Opfer eines schweren Autounfalls und brauchte mehrere Jahre, um sich einigermaßen von dessen Folgen zu erholen. Zu Beginn des neuen Jahrtausends teilte er mit, er fühle sich endlich stark genug für einen neuen Anfang, ein CD-Projekt stand als Erstes auf dem Programm. Aber vollendet wurde das Werk nie, die Hoffnungen hatten getäuscht, er hatte seiner noch immer labilen Gesundheit zu viel zugemutet, und 2001 starb Nils-Aslak Valkeapää im Alter von nur achtundfünfzig Jahren ganz überraschend an einer Lungenembolie.

In Erinnerung bleibt er als größter *Joiker* und bedeutendster samischer Dichter seiner Zeit, vielleicht sogar aller Zeiten. Und als Wegweiser für eine neue Generation von samischen *Joikern* und *Joikerinnen*, die zwar versuchen, ihren eigenen Stil zu entwickeln, doch bei allen ist zu hören, dass sie ausgiebig Valkeapää gehört haben. Übrigens: Wenn von *joik* die Rede ist, hat sich in Deutschland die Form »der *Joik*« verbreitet, was Valkeapää, als ihm das deutsche System der grammatischen Geschlechter erklärt wurde, für Unsinn befand. Ein so persönlicher, individueller Stil dürfe nicht willkürlich mit einem Genus versehen werden, meinte er, wenn ein Artikel unumgänglich sei, sollte man danach gehen, ob man es mit einem *Joiker* oder einer *Joikerin* zu tun habe. Wenn also in Reiseberichten über den hohen Norden »der *Joik*« zu lesen ist, ist befremdetes Stirnrunzeln angebracht!

Valkeapääs preisgekröntes Werk ist nicht ins Deutsche übersetzt, es gibt überhaupt kaum samische Literatur in Übersetzung. Weil sich seit 1990 doch einiges geändert hat, wurde 2014 ein samischer Jugendroman in der entsprechenden Sparte für den Literaturpreis des Nordischen Rates nominiert. »Ilmmiid gaskkas« stammt von der samischen Autorin Máret Ánne Sara. Es gibt eine norwegische und eine englische Übersetzung. Das ist die Geschichte: Eine samische Familie, die Kinder, Lemme und Sanne, sind total aufgeregt, denn es soll eine riesige Motocross-Anlage gebaut werden. Bruder Lemme ist ein begeisterter Motocrosser, die Anlage wird Menschenmengen anziehen, und dann wird im nächstgelegenen Ort endlich ein großes Einkaufszentrum mit Kino und McDonald's und anderen Herrlichkeiten entstehen, wie auch samische Teenies sie gern hätten. Vater Juho ist entsetzt, die Anlage zerstört wichtigen Weidegrund für die Rentiere, von denen die samischen Familien der Umgebung leben, der Krach der Motorräder wird die Tiere verscheuchen, die samische Gemeinde hat Einspruch eingelegt, wieso wird noch vor Gerichtsentscheid mit den Bauarbeiten begonnen?

Vater und Kinder streiten sich, die Kinder fahren erst mal eine Runde mit Lemmes Motorrad, begegnen dabei einem *Myling*, und prompt werden sie in eine andere Welt versetzt. Doch nicht nur das, in der

Anderwelt haben sie die Gestalt von Rentieren angenommen und entkommen allein durch ihr Menschenwissen der Schlachtung. In der Anderwelt ist alles wie in ihrer eigenen, nur hängen überall giftige schwarze Wolken, die jegliches Leben zu zerstören drohen. Wir erfassen langsam, dass alles eben parallel zu unserer Welt verläuft, und die schwarzen Wolken durch die diesseitig angerichteten Umweltschäden entstehen. Ob die Geschwister das begreifen, ist am Ende des Buches noch nicht klar. Aber sie haben ja auch dringendere Sorgen, sie wollen ihre Gestalt und ihre eigene Welt zurückhaben.

Die englische Übersetzung stammt von Laura Janda, einer Sprachwissenschaftlerin aus den USA, die an der Universität von Tromsø unterrichtet und Samisch spricht. In ihrer Übersetzung werden samische Wörter verwendet, aber nicht immer erklärt – zum Beispiel trägt die Hexe einen *Gakti*-Mantel, keine Ahnung, wie der aussieht. Die Menschen in der Parallelwelt heißen *Ulda*, das ist zwar Samisch, doch immerhin vertraut, in früheren Zeiten hausten in den deutschen Wäldern schließlich die Hulden (Richard Wagner hat sie noch gekannt). Und der *Myling* ist ein neugeborenes Kind, das ausgesetzt wurde, weil es nicht gesund, außerehelich oder aus anderen Gründen unerwünscht war. In früheren Zeiten gab es auf Deutsch das Wort »Ausgeburt« für diese unglücklichen Wesen. Sie befinden sich zwischen den Welten, sind begreiflicherweise stocksauer und sinnen auf Rache. Doch, wie gesagt, man kann ihren Zauber bannen und den *Myling* erlösen. *Myling* ist ein schwedisches Wort, das mit »Moor« zu tun hat, wo die Ausgeburten mit Vorliebe entsorgt wurden. Das samische lautet: *eahpáraš*. Das norwegische Wort *utburd* (dasselbe wie das deutsche »Ausgeburt«) klingt, so Laura Janda, auf Englisch eher witzig und nach einem Vogel, »deshalb habe ich das schwedische benutzt, es wirkt unheimlich und geheimnisvoll und es gibt zudem dazu eine gute Wikipedia-Seite.« *Eahpáraš* klingt mindestens so geheimnisvoll wie *myling*, doch der Blick in die Wörterbücher ist enttäuschend. Es stammt aus dem Finnischen, genauer gesagt, dem karelischen Finnisch, wo es das Wort »äpäreh« mit der Bedeutung »Balg, uneheliches Kind« gibt. Und es kommt noch ernüchternder, dieses Wort lässt sich zurückverfolgen zum urgermanischen »*abaro«, und das bedeutet »Nachkommen« oder »Geburt«, womit wir wieder bei der Ausgeburt wären.

Máret Ánne Saras Bruder Jovsset Ánte gewann im Frühjahr 2017 die Herzen des norwegischen Fernsehpublikums. Der staatliche Sender *NRK* zeigte seine Wanderung mit den Rentieren, Schritt für Schritt, über viele Wochen hinweg. Dass der junge Rentierzüchter zugleich gegen den norwegischen Staat klagte, wurde eher nebensächlich in den Zeitungen berichtet. Er sollte seine Herde auf fünfundsiebzig Tiere reduzieren, beschloss die Obrigkeit, zum Überleben braucht man jedoch mindestens dreihundertfünfzig. Dreihundertfünfzig sind zu viel, finden die Behörden, es sollen ja Motocross-Anlagen und andere wichtige Dinge gebaut werden (zum Beispiel eine Straße von Meråker nach Tydal, die die Weidegebiete in Rodalen zerschneiden würde), und da sind die Rentiere eben im Weg, weil sie nun mal nicht stillhalten wollen. Bisher hat

Jovsset Ánte in allen Instanzen gewonnen, aber die staatlichen Stellen lassen durchblicken, dass ihnen Gerichtsurteile nicht so wichtig sind. Wir sehen, das Buch von Jovsset Ántes Schwester ist nicht nur eine fantastische Geschichte, sondern zugleich absolut aktuell. Máret Ánne Sara ist auch bildende Künstlerin. Einige ihrer Installationen waren 2017 in Kassel bei der documenta 14 zu sehen, die Gerichtsurteile hatte sie dabei in einem Schaukasten ausgestellt.

Solomia Karoli, die »Tochter des Zigeunerkönigs«

Norwegens mutigste Menschenrechtlerin

»Tochter des Zigeunerkönigs«, so nannte die 1962 geborene norwegische Autorin und Menschenrechtsaktivistin Solomia Karoli ihre Autobiografie. Ihr Vater, Polykarp Karoli, bezeichnete sich als »Zigeunerkönig«, was die norwegische Presse begeistert übernahm. Auf dem Grab ihrer Mutter Lola Karoli (heute eine Sehenswürdigkeit auf dem Friedhof Vestre gravlund in Oslo) steht tatsächlich *Sigøynerdronning*, »Zigeunerkönigin«. Es handelt sich nicht um einen vererbbaren Titel oder einen, der schon länger in der Familie gewesen wäre. Aber die Karoli sind die mitgliederstärkste Zigeunerfamilie in Norwegen, wo es insgesamt ungefähr achthundert Angehörige dieses Volkes gibt. Solomia benutzt ihn ironisch, denn ihr Leben als »Tochter des Zigeunerkönigs« war alles andere als königlich. Immer wieder betont sie, sie sei Zigeunerin. »Wir sind Zigeuner«, erklärt sie, so nenne ihr Volk sich seit vielen Jahrhunderten und es sei ein gutes Wort, außerdem fielen bei »Roma und Sinti« so viele andere Zigeunergruppen unter den Tisch. Das ist ihre Definition: »Die meisten von denen, die ich als Zigeuner bezeichne, vor allem in Osteuropa, nennen sich Roma, das ist in fast allen Romanes-Dialekten die Mehrzahl von Rom. ›Rom‹ bezeichnet einen verheirateten Zigeuner, einen Ehemann. Eine Frau wird

Romni genannt. Es gibt aber auch Zigeunergruppen, die nicht Rom/Roma heißen wollen. Zu diesen gehören die Sinti. In Frankreich, den Niederlanden und Belgien gibt es die Manouche. Viele nennen sich auch Gitans, vor allem in Südfrankreich. Die meisten spanischen Zigeuner nennen sich Gitanos/Gitanas, und der Internationale Zigeunertag am 8. April wird in Spanien gefeiert als Día Internacional del Pueblo Gitano. Die Kalderasch gelten als Untergruppe der Roma, zusammen mit einer weiteren Gruppe, den Lovara. Die Jenischen werden normalerweise nicht zu den Zigeunern gezählt. Sie haben eine andere ethnische Herkunft und sprechen nicht Romanes.« In ihren bisher zwei Büchern setzt sich Solomia Karoli mit der Situation ihres Volkes auseinander. Sie schildert die Verhältnisse in Norwegen, bringt diese aber immer wieder in einen internationalen Zusammenhang, vor allem die Entwicklung in den osteuropäischen Ländern macht ihr große Angst.

Zu Beginn ihres zweiten Buches geht sie zurück in die Jahre um 1930. Damals gab sich Norwegen als eines der ersten Länder der Welt eine Gesetzgebung zur »Rassenbiologie«, vor allem Frauen aus als »unerwünscht« geltenden Bevölkerungsgruppen wurden sterilisiert. Ihre Kinder wurden ihnen weggenommen und in Waisenhäuser gesteckt. Um ihre Kinder behalten zu können, flohen viele norwegische Zigeuner nach Süden, vor allem nach Deutschland. Als sie auch dort verfolgt wurden, wollten sie nach Norwegen zurück. Inzwischen war ihnen aber ihre Staatsbürgerschaft aberkannt worden und sie durften nicht einreisen. Die meisten kamen in Auschwitz um, auch Solomias Großeltern. Denen, die es nach dem Krieg nach Norwegen schafften, wurde zunächst die Wiedergutmachungszahlung verweigert. Freie Wahl des Wohnorts gab es nicht für sie, sondern ihnen wurden Müllhalden und stillgelegte Fabrikgelände ohne Zugang zu sauberem Wasser zugewiesen. Die Kinder durften dann nicht in die Schule gehen, weil sie angeblich schmutzig waren; dass sie sich gar nicht waschen konnten, interessierte die Obrigkeit nicht weiter. Nur selten wurden Versuche unternommen, Zigeunerkinder zu unterrichten, und so ist noch heute die Analphabetenrate unter norwegischen Zigeunern sehr hoch. Viele Kinder wurden ihren Eltern weggenommen, auch Solomia war darunter. Sie ist allerdings kein typischer Fall. Sie war ein Jahr alt, als ihre Eltern sie auf einer Reise in Würzburg in einem Waisenhaus abgaben, es waren schon zehn Kinder in der Familie und die Eltern wussten nicht, wie sie alle ernähren sollten. An dieses Waisenhaus hat Solomia gute Erinnerungen, an liebevolle Behandlung und viel Musik, das mit der Musik betont sie immer wieder. Aber ihre Eltern wollten sie zurückhaben, und so kam sie mit fünf Jahren nach Norwegen zu ihren Verwandten, die sie nicht kannte, sie sprach kein Norwegisch und kein Romanes. In ihrer Autobiografie schildert sie, wie sie dafür von ihrer Familie geschlagen und getreten wurde. Noch heute ist sie einer Lehrerin dankbar, die sie mithilfe der Behörden aus ihrer Familienhölle holte und in einem Waisenhaus unterbrachte. Dort verbrachte sie einige Jahre, sie wurde »Lise« genannt, um ihre Herkunft zu vertuschen, aber wie sie es selbst sagt, sie »sah nicht aus wie eine Lise«, und irgendwann wollte sie zurück zu ihrer eigenen Familie. Dort wurde sie zwar nicht mehr misshandelt, aber ihr wurde nun vorgeworfen, sie spreche »Romanes wie eine Norwegerin«. Als ihr Vater sie dann mit einem Mann verheiraten wollte, den sie nicht kannte (und erst recht nicht wollte, als sie ihn kennengelernt hatte), kam es zum endgültigen Bruch mit der Familie.

Vor diesem Hintergrund beschreibt sie die heutige Situation ihrer Volksgruppe. Die müsste eigentlich viel besser sein. 1998 wurden die norwegischen Zigeuner von der norwegischen Regierung offiziell als Minderheit anerkannt (sehr spät, aber doch acht Jahre früher als die in Nordnorwegen ansässigen Quänen), was ihnen den Schulbesuch, Unterricht in der eigenen Sprache, Akzeptanz ihrer eigenen Kultur und viele andere schöne Dinge sichern sollte. Kaum bekannt ist jedoch, nicht einmal in Norwegen: Noch immer werden Zigeunerkinder ihren Eltern weggenommen und in norwegische Pflegefamilien gesteckt, doch während Kinder aus ethnisch norwegischen Familien, bei denen es Probleme gibt, auch in Pflegefamilien den Kontakt zu ihren biologischen Eltern aufrechterhalten können, wird das den Zigeunerfamilien verweigert. Solomia beschreibt mehrere Fälle von Zigeunerinnen, denen ihre Kinder weggenommen worden sind und die teilweise noch Jahre später keinerlei Auskunft darüber erhalten haben, wo die Kinder sich befanden. In keinem dieser Fälle sind die Kinder zu Hause misshandelt worden, die zuständigen Jugendämter scheinen einfach davon auszugehen, dass Zigeunerfamilien deshalb kein guter Ort für ein Kind sind, weil es sich eben nicht um ethnisch norwegische Familien handelt.

Solomia zeichnet dabei kein ausschließlich rosiges Bild der norwegischen Zigeuner – es gibt durchaus Kriminelle unter ihnen, einer der größten Versicherungsschwindel der vergangenen Jahre etwa wurde von Mitgliedern der Karoli-Sippe ausgeführt – worauf einige Familienangehörige sich in »Karlsen« umbenannten, um nicht mit den Betrügern in Verbindung gebracht zu werden. Was aber nichts hilft, sie sehen nun einmal nicht »norwegisch« aus. Die norwegische Presse scheint die Sache mit dem Aussehen zu lieben. Schnurrbart, Goldkette auf der behaarten Brust unter dem offenen Hemd, Rolex und Mercedes fehlen in keinem Bericht über norwegische Zigeuner – sind sie bei dem Beschriebenen nicht vorhanden, wird eben genau das erwähnt. Zigeunerinnen werden in der norwegischen Presse ebenfalls auf Äußerlichkeiten reduziert, sie müssen offene schwarze Haare und eine Goldkette um den Knöchel tragen, am besten sehen sie aus wie das stereotype »Zigeunermädchen«, das es früher in Kaufhäusern als Ölbild vom Fließband zu kaufen gab, tun sie es nicht, wird das gewissenhaft mitgeteilt. Auch dies ist eine typische Pressereaktion: Im Sommer 2017 wurde das Grab von Lola Karoli geschändet, der Grabstein wurde mit roter und weißer Farbe beschmiert. Norwegische Zeitungen teilten mit, das sei eine Racheaktion des einen Teils der Karoli-Sippe gegen den anderen gewesen. Die Polizei nahm diese Information zur Kenntnis und wollte zunächst keine Ermittlungen in die Wege leiten. Solomia Karoli ging an die Öffentlichkeit, erklärte: »Alles gelogen« und forderte eine Untersuchung. Zwar gebe es durchaus interne Streitigkeiten und

Fehden – dennoch: »Die Polizei macht sich nicht die Mühe, in solchen Fällen zu ermitteln. Die warten offenbar nur darauf, dass sich die Zigeuner gegenseitig umbringen.« In ihren Artikeln versucht Solomia nicht, die Zustände in den Familien zu beschönigen – sie zeigt uns eine Männergesellschaft mit extrem patriarchalischen Traditionen, aus denen sich die Frauen erst langsam lösen. Tatsächlich haben sich in Norwegen in den letzten Jahren mehrere reine Frauenorganisationen gegründet, um die Sache der Zigeunerinnen gegen den Staat und gegen die eigenen Männer zu vertreten, und sie können nun endlich die ersten Erfolge vermelden.

Solomia Karoli beschreibt in ihrem neuen Buch vor allem den Kampf um die Kinder. Sie schildert die Gesetzeslage, die UNO-Kinderrechtskonvention, die Norwegen unterschrieben hat. Alles, was sie erzählt, dürfte also nicht möglich sein, passiert aber wieder und wieder. Als Nils Muižnieks, seit 2012 Menschenrechtskommissar des Europarats in Straßburg, im Januar 2015 Norwegen besuchte, traf er sich mit Solomia Karoli und ließ sich von ihr über die Situation ihres Volkes informieren. Danach richtete er in seinem Bericht eine flammende Anklage an die norwegische Regierung und forderte sie auf, endlich für das Ende aller Diskriminierung der Roma in Norwegen zu sorgen. Die norwegischen Politiker jedoch wollen bis heute nichts mit diesem Thema zu tun haben, und wenn sie doch damit konfrontiert werden, dann schieben sie sich gegenseitig die Verantwortung zu: Immer ist ein anderes Ministerium zuständig, leider habe man da keinen Einfluss. In den Kommissionen, die über Zigeunerbelange entscheiden, zum Beispiel darüber, was der Staat unternehmen muss, damit Zigeunerkinder ganz normal zur Schule gehen können, sitzen niemals Zigeunerinnen, wohl aber »Sachverständige«, die ihr Wissen über Zigeuner nur aus Büchern haben und teilweise offen rassistische Standpunkte vertreten. Wohlgemerkt, es gibt in Norwegen etwa achthundert Zigeuner, sodass der Eindruck entstehen kann, dass sich mehr Menschen damit beschäftigen, diese Minderheit zu verwalten, als eben zu dieser Minderheit gehören.

Solomia Karoli fordert, damit Schluss zu machen und endlich Zigeunern in Norwegen und anderswo die ganz normalen Rechte, die alle Bürgerinnen und Bürger eines Landes haben, zugänglich zu machen. Und vor allem: ihnen endlich zuzuhören. Sie hofft außerdem, dass ihre Bücher übersetzt werden können, um auch im Ausland ein Bewusstsein für die Situation der Zigeuner in Norwegen zu schaffen und internationale Zusammenarbeit zu fördern. Ein Erfolg war der Brief, den sie 2015 an Papst Franziskus schrieb. »Auf diesen Brief hin lud der Papst Zigeuner aus mehreren Ländern zu sich ein und forderte sie auf, das Recht auf ganz normalen Schulgang einzufordern. Wie Papst Franziskus bei diesem Treffen gesagt hat: Wir haben das Recht auf Schulbildung, und auf diesem Recht müssen wir bestehen.«

Norwegen vergibt den Friedensnobelpreis, über alle anderen Nobelpreise wird in Stockholm entschieden. Nur ganz selten gibt das Komitee diese hohe Auszeichnung an seine Landsleute: Der letzte Norweger, der sie erhielt, war 1922 der Polfahrer

Fridtjof Nansen. Aber vielleicht ändert sich das bald, denn Norwegen hat eine würdige Kandidatin aufzuweisen: die Zigeunerrechtlerin Solomia Karoli.

Gruppenbild mit Edvard

Wissenswertes über die Familie Munch

Berühmte norwegische Gräber – da denkt man vermutlich zuerst an das von Ibsen, der ein Ehrengrab auf dem Osloer Vår Frelsers Gravlund hat, doch das ist eigentlich bescheiden und passt so gar nicht zu seinem Bewohner, für den Bescheidenheit eher eine unbekannte Größe war – ein grauer Obelisk und ein paar Steinplatten, das ist alles. Eigentlich war geplant, ihm ein gewaltiges Mausoleum zu errichten, über der Stadt, hoch wie ein fünfstöckiges Haus. Es sollte eine Art Ruhebett werden, getragen von holden Marmorknaben, oben sollte Ibsen sitzen und schon von Weitem vom Oslofjord aus zu sehen sein, noch ehe die Schiffsreisenden die Stadt erblickten. Der Bildhauer Gustav Vigeland (1869–1943), dessen grauenhafter Monumentalpark in Oslo als Touristenattraktion gilt, hatte diese schöne Idee, Ibsens Sohn Sigurd sah das leider anders.

Berühmter als Ibsens letzte Ruhestätte, weil es in Büchern über Friedhöfe und Gräber immer wieder erwähnt wird, ist eines der Familiengräber der Munch-Familie im Osloer Stadtteil Nordstrand. Berühmt ist es vor allem, weil es angeblich das einzige Grab der Welt ist, in dem drei Personen begraben sind, während der Grabstein bloß eine vierte erwähnt, die aber ganz woanders liegt. Es ist nicht ganz so, wenn man dicht an den Grabstein herangeht und sich die Rückseite ansieht, findet man auch die Namen der Grabinsassinnen, nämlich der Tante und der Schwestern des Malers Edvard Munch. Die drei, so steht es vorn auf dem Grabstein, wo ihre Namen also nicht genannt sind, haben als Erste Edvards Genie erkannt und alles geopfert, damit er dieses Genie entwickeln und zu Ruhm gelangen könnte. Das klingt schön und edel, und vor lauter Bewunderung hat der Steinmetz offenbar vergessen (oder es waren die Auftraggeber, die diese Information nicht für wichtig hielten), uns auch die Namen der Damen mitzuteilen. Der geniale Bruder und Neffe ist anderweitig bestattet, gar nicht weit von Ibsen in einem Ehrengrab auf Oslos Vorzeigefriedhof Vår Frelsers Gravlund. Das Grab auf dem Friedhof von Nordstrand ist übrigens das zweite Familiengrab, das erste befindet sich in der alten Osloer Innenstadt, auf dem aufgelassenen Friedhof Christ Kirkegård. Dieser Friedhof ist schwer zu finden, er liegt versteckt zwischen der alten Zentralbücherei und neuen Büroblocks, geöffnet ist er fast nie. Hier liegen die Eltern Laura Munch, geborene Bjølstad (1837–1868), und Christian Munch (1817–1889) zusammen mit Sofie Munch (1862–1877), von ihrem Bruder als »Krankes Kind« verewigt, wovon eine schlichte rechteckige Granittafel kündet. Zwei Reihen weiter liegt Edvard Munchs Bruder Peter Andreas (1865–1895), ihm haben seine Freunde eine prachtvolle Gedenksäule errichtet, die Familie wollte offenbar auch nach seinem Tod nichts mit ihm zu tun haben.

Auf dem Christ Kirkegård liegt, gleich bei der übrigen Verwandtschaft, auch der Dichter Andreas Munch (1811–1884), vor Edvard der große Sohn der Familie und der erste norwegische Dichter, dem eine staatliche Ehrengage zugesprochen wurde. Er war ein Vetter von Edvards Vater, dessen Bruder, der Historiker Peter Andreas Munch (1810–1863), gilt als Vater der norwegischen Geschichtsschreibung. Beide Herren haben reich verzierte, prachtvolle Gedenksteine, wie es ihrem Rang entspricht.

Aber zurück zu den Damen, deren Namen wenigstens hier genannt werden sollen: Karen Bjølstad (1839–1931), Inger Marie Munch (1868–1952) und Laura Katrine Munch (1867–1926). Es wirkt ein bisschen traurig, so ein Familiengrab, in dem nur drei Personen liegen, es scheint zugleich zur aufopfernden Haltung der drei Frauen zu passen – aber hätte Edvard nicht darauf bestehen müssen, bei seinen Lieben bestattet zu werden, nach allen Opfern, die diese für ihn gebracht haben? Schon fragt man sich, wie das wirklich mit dem Opfer war. In der Munch-Familie und in der Munch-Literatur wird dieser Opferkult immer weiter gepflegt. Edvard, ausersehen, den alten Ruhm der Familie wiederherzustellen – was ihm ja auch gelang –, und Tante und Schwestern erscheinen als unverbrüchliche Einheit. Der Ruhm der Familie war aber eigentlich gar nicht so groß, die Munchs stammten aus der alten dänisch-norwegischen Beamtenschicht, die nach der Union Norwegens mit Schweden, ab 1814, an Bedeutung verlor und verarmte. Immerhin können wir den Maler Jacob Munch (1776–1839) erwähnen, einen der ersten akademisch ausgebildeten Maler Norwegens. Er hatte in Kopenhagen und Paris studiert und malte ganz anders als sein

Urgroßneffe, nämlich Historienszenen und schöne Landschaften.

Edvard Munchs Vater war Armenarzt, er hatte nach Anschauung der damaligen Zeit unter seinem Stand geheiratet, denn Laura Bjølstad war eine Handwerkerstocher aus dem ländlichen Løten, hatte im Haushalt gearbeitet und kam noch dazu aus der pietistischen Sekte der Haugianer. Gesund war sie auch nicht, sie starb an Schwindsucht, als ihr Sohn Edvard gerade erst fünf Jahre alt war. Karen, Lauras unverheiratete Schwester, vertrat die Mutterstelle bei den fünf kleinen Munchs. Den Heiratsantrag des Vaters wies sie zurück. Sie wollte keine Kinder in die Welt setzen, um die Krankheiten, die in beiden Familien herrschten, nicht weiterzutragen. Das waren vor allem die damals unheilbare Schwindsucht, und – vermutet die Munch-Forscherin Bodil Stenseth – die damals ebenso unheilbare Syphilis, über die allerdings nicht offen gesprochen wurde.

Auf das Ziel, die Familienkrankheit nicht weiterzugeben, schwor die Tante die Nichten und Neffen ein – was damals ein enthaltsames Leben bedeutete. Der Bruder Peter Andreas, so genannt nach dem vorerst einzigen großen Sohn der Familie, scherte jedoch aus dem Familienverband aus, schwängerte zuerst das Dienstmädchen und heiratete dann zum großen Entsetzen der Tante eine junge Frau aus Westnorwegen, starb aber kurz vor der Geburt seiner einzigen Tochter, Andrea, an Schwindsucht. Die Tante, so, wie sie in ihren hinterlassenen Briefen erscheint, wird schadenfroh genickt haben. Immerhin, Nachkommen dieser Tochter leben noch heute, über eventuelle Nachkommen des Dienstmädchens ist nichts bekannt.

Edvard hat nicht enthaltsam gelebt, das wissen wir aus seinen Briefen und Notizen. Geheiratet hat er allerdings nie. Einmal war er verlobt, als er die Verlobung lösen wollte (nach eigener Aussage wegen der Familienkrankheiten), schoss seine Verlobte Tulla Larssen auf ihn. Als Mann von Welt behauptete er jedoch, selbst der Schütze gewesen zu sein. Erhaltene Röntgenbilder zeigen die Deformation des Knochens im getroffenen Finger der linken Hand. Tulla war nicht die Einzige, eine andere Liebe spielte sich in Nordstrand ab, also fast unter den gestrengen Blicken der Tante. Aber Edvard konnte sich nicht entscheiden, weshalb die junge Malerin Aase Carlsen (1869–1908) den Anwalt Harald Nørregaard (1864–1938) heiratete. Bei der Trauung in der Kirche von Nordstrand versteckte Munch sich hinter einer Säule und bereute. Seinem Tagebuch vertraute er dann an, Aase sei noch nie so schön gewesen, habe aber traurig und hoffnungslos ausgesehen. Später malte er ein Porträt des Ehepaars Nørregaard, das heute in der Osloer Nationalgalerie zu sehen ist.

Tante und Schwestern erlebten keine solchen dramatischen Abenteuer. Die Schwestern durften keine Ausbildung machen, zumindest Laura wäre gern Lehrerin geworden, aber dafür war kein Geld da, alles musste ja für den genialen Edvard ausgegeben werden. Alle drei verdienten ihr Geld durch Herstellung von Reiseandenken, Norwegen erlebte damals den ersten Touristikboom (sicher auch gefördert durch Kaiser Wilhelms alljährliche Nordlandreisen). Laura war offenbar nicht zum edlen

Verzicht geboren, sie wurde depressiv und landete im Irrenhaus. Einem Irrenhaus von damals, mit riesigen Sälen und kaum anderer Behandlung als eiskalten Bädern. Auch Bruder Edvard übrigens kannte diese Schwermutsschübe, aber wenn er einen herannahen spürte, begab er sich in ein teures Privatsanatorium, wurde erstklassig verpflegt und von den leitenden Fachleuten seiner Zeit betreut. Schwester Laura muss eine unglaublich starke Persönlichkeit gewesen sein, sie hielt acht Jahre durch, dann war Edvard zu Geld gekommen, holte sie aus dem Irrenhaus, und von da an führte sie ihm den Haushalt. Der anderen Schwester, Inger, und der Tante machte er bittere Vorwürfe, weil sie Laura ins Irrenhaus gesteckt hatten. Der Einwand, alles Geld sei doch für seine Aufenthalte im Sanatorium benötigt worden, für Laura sei einfach nichts mehr da gewesen, konnte ihn nicht besänftigen. Der innige Zusammenhalt war nachhaltig geschwächt, man korrespondierte nur noch selten, persönliche Treffen fanden nicht mehr statt.

Erst nach Lauras Tod kam es zu einer Aussöhnung. Die Tante starb 1931 und Edvard schrieb schöne Worte über diese gütige Frau, die ihm eine zweite Mutter gewesen sei und alles für ihn geopfert habe. Schwester Inger wäre gern zu ihm gezogen, um ihm nun den Haushalt zu führen, nachdem sie jahrelang die bettlägerige Tante gepflegt hatte (während der so dankbare Edvard sich nicht blicken ließ), aber so weit wollte er es mit der Versöhnung doch nicht kommen lassen.

Er wohnte auf seinem Gut Ekely in Hvitsten bei Oslo, sie weiterhin im Stadtteil Nordstrand, also nicht einmal weit entfernt, aber besucht hat er sie so gut wie nie.

Im Jahre 1944 starb Edvard auf Ekely. Seine Schwester Inger überlebte ihn noch um acht Jahre. Edvard bekam ein Ehrengrab, auf dem sein Gesicht in Bronze gehauen zu sehen ist. Schwestern und Tante blieben in dem eher unscheinbaren Grab in Nordstrand. Den zu seinen Lebzeiten hochgeachteten Onkel Andreas mit ins Ehrengrab zu packen, fanden die Osloer Honoratioren nicht nötig. Weshalb die Munchs also drei Familiengräber haben, und in allen wäre noch viel Platz gewesen. Aber wir können heute von einem zum anderen wandern und zwischendurch viel von Oslo sehen.

Ein Familienmitglied, das keine Mühe gescheut hat, den Namen Munch in aller Munde zu bringen, ist die Autorin Anna Munch, geborene Dahl (1856–1932). Ihr Vater, ein bekannter Arzt und Wissenschaftler, vertrat die Ansicht, dass das weibliche Gehirn nicht zum Denken gemacht sei, folglich durfte seine Tochter keine Ausbildung machen. Sie heiratete den Oberlehrer und Major Peter Anker Ragnvald Munch (1853–1920), der zwar die Ausstellungen seines Vetters Edvard besuchte, mit diesem aber lieber keinen Kontakt halten wollte. Er war ein Oberlehrer und Major, wie er im Buche steht, und Anna war kreuzunglücklich in der Ehe und fing heimlich an zu schreiben. Als ihre ersten Romane erschienen waren, wurde das dem Gatten noch verheimlicht. Anna lernte dann den jungen aufstrebenden Dichter und Bürgerschreck Knut Hamsun kennen, und eine kurze dramatische Liebschaft war die Folge. Sie hätte nun ihren Oberlehrer gern verlassen, aber Hamsun, der sich immer für Frauen begeisterte, die nicht zu haben waren, verlor das Interesse und benutzte die arme Anna dann in mehreren Büchern als Vorbild für liebestolle, stalkende Frauenzimmer. Es gab einen gewaltigen Skandal, er behauptete, sie verleumde ihn in anonymen Briefen an gemeinsame Bekannte in Kristiania, sie stritt alles ab, ein graphologischer Gutachter der Polizei hielt es für unwahrscheinlich, dass die Briefe von Anna stammten, Gerüchte behaupteten, Knut habe sie selbst geschrieben, um sich ins Gespräch zu bringen. Geklärt ist die Sache bis heute nicht.

Für Anna endete die Sache böse. Ihr Ruf war ruiniert, der Oberlehrer ließ sich scheiden, nach damaligem Gesetz war Anna schuldig und sie verlor das Besuchsrecht für ihre Tochter Signe. Sie veröffentlichte noch eine Reihe von Romanen und heiratete schließlich den Schriftsteller Sigurd Mathiesen (1871–1958). Mathiesen war homosexuell, was damals in Norwegen streng verboten war, Anna war in Verruf geraten, und beide erhofften sich von dieser Ehe Ruhe und eine bürgerliche Fassade.

Aber Anna hatte sich in der Munch-Familie unmöglich gemacht und ist in keinem der Familiengräber zu finden. Auf Deutsch können wir immerhin einen ihrer Romane in neuer Übersetzung lesen: »Frauen«.

Das Genie von Vetter Edvard aber lebte in der nächsten Generation weiter. Signe Munch (1884–1945), die Tochter von Anna und dem Oberlehrer, wollte nicht enden wie ihre Mutter und ging eine vom Vater befürwortete standesgemäße Ehe ein, mit einem Berufsoffizier, dem sie einige Jahre lang von einer Garnison zur anderen folgte. Dann fing sie – heimlich, der Offizier hatte nichts übrig für solche Grillen – an zu malen. Es ist nicht klar, ob zu dieser Zeit Kontakt zu Vetter Edvard bestand, aber jedenfalls: Es kam, wie es kommen musste, Signe verließ den Offizier, nahm Malunterricht bei Pola Gauguin, dem Sohn des berühmten Paul Gauguin, malte hauptberuflich und heiratete den Theatermann Einar Siebke (1893–1944).

Als Norwegen 1940 von deutschen Truppen besetzt wurde, hatte Signe gerade alle ihre in Galerien verstreuten Bilder eingesammelt, um eine große Sonderausstellung vorzubereiten. Dazu kam es nicht mehr. Einar Siebke wurde wegen seiner Aktivitäten im norwegischen Widerstand nach Deutschland in ein KZ verschleppt, eine Tortur, die er nicht überlebte. Signe Munch war bis Kriegsende in Norwegen im Straflager Grini interniert. Ihre Gesundheit war danach ruiniert, sie starb nicht lange nach der Befreiung. Ihre Bilder sind verschollen – eine Gestapoabteilung hatte das Haus der Siebkes als Hauptquartier benutzt, Signe fand es vollkommen verwüstet vor. Ob die Bilder von den Gestapoleuten als »entartete Kunst« zerstört worden waren oder ob sie als unerkannte Beutekunst heute noch in deutschen Wohnungen hängen, wird vielleicht niemals geklärt werden. Erhalten sind einige wenige Zeichnungen aus dem Nachlass von Vetter Edvard, dessen Genie also offenbar in Signe weitergelebt hatte. Signe Munchs Grab immerhin ist erhalten. Sie liegt im Familiengrab der Siebkes auf dem Osloer Friedhof Vestre gravlund. An Einar Siebke erinnert dort eine Grabinschrift.

Nina Grieg

Norwegens schönste Lachgrübchen

Es scheint sehr leicht geworden zu sein, Nina Grieg als die »Frau an seiner Seite« und treusorgende Gattin des Genies Edvard abzutun – selbst in Troldhaugen, dem Wohnsitz der Griegs in Fantoft bei Bergen, teilt am Eingang ein Schild mit, das sei das »Haus von Edvard Grieg«. In den ersten Jahrzehnten hieß es »Fantoft, das Haus von Nina und Edvard Grieg.« Irgendwann wurde das Schild ausgetauscht, wann genau das passiert ist, ist offenbar nirgendwo notiert. Kein öffentlicher Aufschrei hat bisher dafür gesorgt, dass das alte wieder aufgehängt wird (falls es noch aufzufinden ist, aber ein neues wäre ja auch schön!), um Nina Grieg die ihr gebührende Ehre zu erweisen. Denn sie war die Hausherrin auf Troldhaugen, sie hat das Haus eingerichtet und sogar den Namen ausgesucht. Lange Zeit funktionierte die öffentliche Wahrnehmung umgekehrt, da war Edvard Grieg sozusagen der Mann an der Seite der erfolgreichen Sängerin!

Nina Hagerup wurde 1845 in Bergen geboren, ihr Vater war Kaufmann, die Mutter eine dänische Theaterdirektorin, die auf Tournee nach Norwegen gekommen und da sozusagen hängengeblieben war. Die Hagerups sind ein alteingesessenes Bergenser Kaufmannsgeschlecht, der Name Hagerup ist aber auch der vieler künstlerischer Genies, wie Inger Hagerup, eine der größten norwegischen Lyrikerinnen des 20. Jahrhunderts, oder ihr Sohn Klaus, ein auch in deutscher Übersetzung vielgelesener Jugendbuchautor. Das künstlerische Genie der Familie zeigte sich damals bei Ninas Tante Gesine Hagerup. Sie wurde Klavierlehrerin, und zwar auf so hohem Niveau, dass sie sich »Musikpädagogin« nennen durfte. Sie heiratete den Bergenser Kaufmann Alexander Grieg – und der gemeinsame Sohn Edvard verliebte sich dann in seine zwei Jahre jüngere Kusine Nina. Im Hause Grieg war man entsetzt – nicht etwa wegen des Verwandtschaftsverhältnisses, sondern weil die Tochter einer dänischen Theaterfrau keine passende Partie für den kostbaren Edvard und für einen Sohn des vornehmen Hauses Grieg sei – aber die beiden heirateten trotzdem. 1868, ein Jahr nach der Hochzeit, wurde Tochter Alexandra geboren, die aber nicht einmal ein Jahr alt wurde. Aus einem Brief von Edvard wissen wir, dass Nina beim Tod ihrer kleinen Tochter wieder schwanger war, dann wird diese Schwangerschaft nie wieder erwähnt, auch von Nina nicht. Ihre Biografinnen vermuten, dass der Schock über Alexandras Tod zu einer Fehlgeburt führte, weitere Kinder kamen nicht. Das kann an der engen Verwandtschaft von Nina und Edvard gelegen haben oder daran, dass Edvard als Student in Leipzig ein lustiges Leben geführt hatte und nun unter den Spätfolgen einer Geschlechtskrankheit litt, die Grieg-Forscher sind sich da nicht einig. Jedenfalls konnte Nina, die eine hervorragende Pianistin und hinreißende Sängerin war, sich nun ganz ihrer und außerdem Edvards Karriere widmen. Die beiden tourten durch ganz Europa, Nina trug die Lieder ihres Mannes vor, oft saß er dabei am Klavier, und so wurde langsam auch sein Name bekannt. Der ewig übellaunige Dichter Ibsen, der Grieg als Person überhaupt nicht leiden konnte und der dessen – heute berühmte – Musik zu »Peer Gynt« grottenschlecht fand (er hätte lieber eine pompöse Kirmesmusik gehabt), sagte, seitdem er Frau Griegs Gesang gehört habe, könne er Herrn Grieg ja doch vieles verzeihen. Die Presse dachte wohl ähnlich: Eine Londoner Konzertkritik schildert den Auftritt der genialen norwegischen Sängerin; dass ihre Lieder von ihrem Gatten stammten, wird nur nebenbei eingestreut. Grieg am Klavier wirkt in solchen Rezensionen wie eine Art Hutzelmännchen (er war wirklich nur 1,52!), das von Nina aus purer Güte mit auf die Bühne genommen wird. Grieg steht in der norwegischen Musikgeschichte allein da, er hat keine Nachfolger gefunden und keine Schule begründet. Ninas Einfluss dagegen, das behaupten Musikhistoriker, ist noch heute nachweisbar. Ihr Gesangsstil, beschrieben als »lebhaftes dramatisches Rezitativ«, wurde von ihren Gesangsschülerinnen und von deren Schülerinnen immer an die nächste Generation norwegischer Sängerinnen weitergereicht, heißt es. Wir können das nur glauben und tun es gern. Nina hat im Alter zwei Lieder auf Wachszylinder gesungen, und im Archivraum von Fantoft kann man die Aufnahmen hören, wenn man schön bittet (möglichst einige Wochen im Voraus). Die Qualität ist aber so schlecht, dass wir zwar vor Ehrfurcht erstarren, weil wir wirklich Nina Grieg hören, aber von Kunstgenuss kann keine Rede sein.

Gut für die Ehe war Ninas Erfolg offenbar nicht, da Edvard selbständige Frauen eher wenig schätzte. Aus Ninas Briefen an ihre Freundinnen wissen wir, dass sie ihren Edvard sehr geliebt und furchtbar gelitten hat, als herauskam, dass er sie mit der Malerin Leis Schjelderup betrog. Edvard hatte offenbar sogar kurzfristig vor, Nina zu verlassen und zu Leis nach Paris zu ziehen. Aber dann ging ihm wohl auf, dass er sozusagen vom Regen in die Traufe kommen würde, Leis Schjelderup wäre durchaus nicht gewillt gewesen, künstlerisch kürzer zu treten, um das Heimchen am Herd zu werden, das sich Edvard offenbar wünschte. Sie hat in der Zeit ihrer Affäre ein berühmtes Porträt von Grieg gemalt, das sie nach der Trennung nie mehr ausstellen wollte, heute ist es im Kunstmuseum Bergen Billedgalleri zu sehen.

Ninas Briefe zeigen, wie glücklich und erleichtert sie war, als Edvard seinen Seitensprung beendet hatte, aber das ruhige Alter in Troldhaugen, das sie sich vorgestellt hatte, war den beiden nicht beschieden. Edvard, der sich aus Leipzig ein immer wieder aufflammendes Lungenleiden mitgebracht hatte, starb schon 1907. Bestimmt hat Nina ihn vermisst – aber auf den Fotos ist sie wie ausgewechselt. Auf den zur Zeit der Ehe entstandenen sieht sie ernst und oft ein wenig verängstigt aus, auf den späteren lächelt oder lacht sie, immer umgeben von fröhlichen Freundinnen. Sie lebte zunächst weiter in Troldhaugen, ihre Schwester Tonny zog zu ihr, dann gesellten sich noch zwei Schwestern von Edvard dazu. Die beiden Damen blieben aber nur ein Jahr. Sie fanden offenbar noch immer, die Tochter der Theaterfrau sei keine passende Partie für den kostbaren Edvard gewesen, und Hausherrin Nina brauchte sich ihre Sticheleien nicht mehr gefallen zu lassen. Nach dem Ersten Weltkrieg musste sie Troldhaugen allerdings verkaufen. Edvard hatte fast sein gesamtes Vermögen in deutschen Staatspapieren angelegt, die vor dem Krieg als absolut sicher galten und danach nichts mehr wert waren. Edvards Vetter Joachim Grieg erwarb Troldhaugen, sein Sohn wollte das nun altmodisch wirkende Haus abreißen lassen und den Boden verkaufen, aber die Stadt Bergen griff ein, übernahm Haus und Grundstück und richtete es als Troldhaugen-Museum für Nina und Edvard Grieg ein. Die Einrichtung, die Erinnerungsstücke, alles ist so, wie Nina es damals angeschafft hat. Neu sind nur die sanitären Anlagen – die hätte Nina zwar gern modernisieren lassen, aber dazu fehlte ihr das Geld. Sie verbrachte ihre letzten Jahre in Kopenhagen, erst nach ihrem Tod am 9. Dezember 1935 kehrte sie heim nach Troldhaugen. Die Urne mit ihrer Asche wurde dort im Garten in einer Felsengrotte beigesetzt, neben der von Edvard.

In Troldhaugen ist sie noch immer allgegenwärtig. Überall lächelt sie uns von Altersbildern mit ihren umwerfenden Grübchen an, es ist unmöglich, Troldhaugen zu besuchen und nicht noch Tage später guter Laune zu sein.

Troldhaugen ist auf jeden Fall einen Besuch wert. Es ist in den letzten Jahrzehnten einige Male umgebaut und erweitert worden, von außen aber sieht es aus wie zu Ninas Zeiten. 1985 wurde ein Konzertsaal eingerichtet, der – natürlich! – Troldsaal heißt, im Sommer gibt es dort regelmäßig Konzerte, oft sogar bei kostenlosem Eintritt, jedes Jahr wird hier der Grieg-Preis verliehen, den es für besondere Verdienste für die norwegische Musik oder Musikforschung gibt.

Das Haus Troldhaugen sieht uralt aus, wurde aber erst 1885 errichtet, Architekt war der damals in Norwegen berühmte Schak August Steenberg Bull, ein Vetter von Nina und Edvard Grieg. Er entwarf ein Holzhaus im gerade aktuellen historisierenden Stil, mit einer Art Turm und einer großen Glasveranda, sozusagen das archetypische alte norwegische Holzhaus, nur eben neu und mit dem Komfort, der damals zu haben war. Edvard, der offenbar nur beim Komponieren Phantasie entwickelte, wollte es »Berghaus« nennen, aber Nina griff ein. In der Nähe gab es ein Trolddalen, also »Trolltal«, genanntes Tal, das offenbar romanisch und ein bisschen verspukt aussah – wir können das nur glauben, denn heute ist vom Trolltal nicht mehr viel zu sehen, es ist der Schnellstraße zum Opfer gefallen, die Bergen mit dem Flugplatz Flesland verbindet und die gerade mal wieder erweitert wird. Aber zu Ninas Haus passt der Name Trollhügel noch heute!

Stabkirchen

Die norwegischen Märchenschlösser

Es gibt sicher kein »norwegischeres« Bild als das einer Stabkirche, am besten im Sonnenschein, an einem malerischen Fjord gelegen, daneben eine blonde Sennerin in Tracht … Die Wirklichkeit ist oft weniger poetisch, und in der Fachliteratur wird diese Art von Bauwerk so definiert: »Stabkirchen sind hölzerne Kirchen, die als Stabbau konstruiert wurden. Der Stabbau ist ein Tragwerk aus senkrecht stehenden Masten, den sogenannten Stäben, auf denen die gesamte Dachkonstruktion ruht.« Unter einer solchen Beschreibung kann man sich wohl nicht viel vorstellen – keinesfalls denkt man an gewaltige Holzbauten mit vielen Erkern, Türmchen, Dachreitern und Dachvorsprüngen, mit Ecken und Winkeln, das Ganze reich verziert mit Drachenköpfen und anderem wikingischem Schnitzwerk – nach einem frommen Gotteshaus sehen die erhaltenen Stabkirchen wirklich nicht aus. Die Stabbauweise, so viel sei gesagt, ist ungeheuer praktisch, man konnte immer neu erweitern und anbauen, bei Bedarf alles auch wieder wegnehmen. Eigentlich sind Stabkirchen nach dem Prinzip eines Kartenhauses errichtet worden. Es gab auch in Schweden und England Stabkirchen, die größte, von der wir überhaupt wissen, war der Dom von Skálholt in Island, der jedoch kurz nach der Reformation abgerissen wurde. Außerdem stehen Stabkirchen in Polen und Deutschland (in Hahnenklee im Harz), aber die sind allesamt neue Nachbildungen von Stabkirchen in Norwegen. Warum sich dieser Kirchentyp in Norwegen so viel besser erhalten hat als in Schweden, weiß niemand. Natürlich gibt es in Norwegen viel Holz, sodass die Kirchen immer wieder umgebaut werden konnten, aber das gilt auch für Schweden. Egal, es ist jedenfalls ein großes Erlebnis, in einer zu stehen, die Schnitzereien anzusehen, durch den »Waffengang zu schreiten« … Es gibt kein richtiges deutsches Wort für diese Galerie, die sich außen an den Kirchen entlangzieht, den *svalgang* (was eigentlich »Kühlgang« bedeutet, kühl war es aber auch im nicht beheizbaren Kircheninneren). Dort also legten die Gottesdienstbesucher ihre Waffen ab, denn bewaffnet vor den Altar Gottes zu treten, das ging nun wirklich nicht, sondern galt schon kurz nach der Christianisierung als heidnischer Brauch, dem ganz schnell ein Ende gesetzt werden sollte.

In Norwegen gibt es heute zweiunddreißig Stabkirchen, achtundzwanzig originale und vier Nachbauten. Eine davon ist die von Fantoft, die in der Nähe von Bergen gleich neben Troldhaugen steht, dem Haus von Nina und Edvard Grieg (aber sie wird leicht übersehen, weil Troldhaugen als die größere Sehenswürdigkeit gilt). Errichtet wurden diese Kirchen zwischen 1150 und 1350, es ging mit dem Bau also los, als Norwegen noch gar nicht so lange christlich war, und das erklärt vielleicht die wikingischen Verzierungen. Insgesamt wissen wir aus alten Chroniken von zweitausend Stabkirchen aus jener Zeit. Im selben Zeitraum wurden zweihunderteinundsiebzig Steinkirchen gebaut. Die Steinkirchen waren nicht halb so schön und romantisch, aber dafür feuerfest. Holz brennt viel zu leicht, und deswegen gingen viele Stabkirchen verloren, von manchen haben wir noch Zeichnungen, von anderen einfach nur einen Hinweis auf ihre Existenz, aus Kirchenbüchern oder Listen von Bauwerken, wie sie die Könige von Norwegen und Dänemark ab und zu anfertigen ließen. Um 1800 gab es immerhin noch fünfundneunzig Stabkirchen im ganzen Land – die meisten in damals sehr dünn besiedelten Landschaften, wo alte Bauwerke offenbar die besten Überlebenschancen hatten. Dort, wo mehr Menschen wohnten, brauchte man größere Gotteshäuser, und vermutlich hatten die modernen Menschen des beginnenden 19. Jahrhunderts keine Lust, an den alten Stabkirchen immer neu anzubauen, sondern wollten etwas Zeitgemäßes. Großes Entsetzen erregten gegen Ende des 20. Jahrhunderts norwegische Metal-Jünger, die zum Abfackeln von Stabkirchen aufriefen. Im Vergleich zu dem Wüten der braven Bürgerleute des 19. Jahrhunderts richteten diese Aufforderungen freilich wenig Schaden an. Als dann in Norwegen das Zeitalter der Nationalromantik anbrach (so etwa ab 1830), kamen die Stabkirchen wieder zu Ehren, als richtig echte, bodenständige norwegische Bauwerke aus der großen Zeit, ehe Norwegen unter das dänische Joch geriet. Diesen tiefen Gefühlen verdanken die vorhandenen achtundzwanzig ihr Überleben, und das ist gut so, es ist einfach ein unbeschreibliches Gefühl, in einer herumzuwandern, zu wissen, dass die Kirche seit fast tausend Jahren da steht, zu hören, wie das Holz ächzt, oder den typischen teerigen Geruch einzuatmen. Und die Menschen haben auch ihre Spuren hinterlassen! In der Kirche von Torpo in Hallingdal zum Beispiel macht es Spaß, klammheimlich mit der Hand über den Altartisch zu streichen (ich weiß nicht, ob es erlaubt ist, aber wenn es doch niemand sieht?). Um 1880 sollte die Kirche nämlich abgerissen werden, als eine der letzten Stabkirchen, denen dieses Schicksal widerfahren wäre, und die Bevölkerung der Umgebung holte sich schon einmal Holz und Einrichtungsstücke aus diesem dem Untergang geweihten Gotteshaus. Aber in letzter Minute konnte ein Verein zur Rettung der Kirche den Abriss verhindern. Eine Bäuerin, die den Altartisch zum Backen benutzt hatte, musste ihn wieder hergeben – und wenn man das weiß, meint man die Dellen, die das Nudelholz in dem weichen Holz hinterlassen hat, unter den Fingern zu spüren.

Seltsamerweise gibt es so gut wie keine Sagen, die mit Stabkirchen zu tun haben, keinen Spuk, der in einer umgeht, als ob die norwegischen Gespenster diesen Bauten ebensolche Hochachtung entgegenbrächten wie die Nationalromantiker (vielleicht wollten sie ja auch einfach ihre Ruhe und haben das Weite gesucht, als ab 1830 die nationalromantischen Maler, Dichter und Bewahrer aufmarschierten). Eine Ausnahme ist die Stabkirche von Hedalen in Valdres. Als nach den großen Pestepidemien des 14. Jahrhunderts die Gegend entvölkert war und der Wald bald alles überwucherte, geriet die Kirche ganz einfach in Vergessenheit. Angeblich wurde sie hundert Jahre später von einem Jäger wiederentdeckt, der einen Vogel schießen wollte und stattdessen eine Kirchturmglocke traf. Als er in die Kirche kam, lag auf dem Altar ein Bär – auch den traf er. Das Bärenfell wird heute noch in der Kirche aufbewahrt, es ist nachweislich aus dem 14. Jahrhundert. Berühmt ist die hölzerne Madonnenfigur aus dieser Kirche, sie sieht aus wie grell geschminkt, wie ein Kind, das sich für ein Karnevalsfest angemalt hat. Aber dazu lächelt sie listig, als wollte sie sagen: »Ich weiß etwas, was du nicht weißt«, und immer wieder bleiben Besucher davor stehen und stellen neue Theorien auf, was der Holzschnitzer (oder die Holzschnitzerin?) uns mit diesem Lächeln eigentlich sagen wollte. Es wird immer wieder die Vermutung geäußert, Vorbild für diese Madonna sei die norwegische Königin Eufemia gewesen. Das ist eine schöne Vorstellung, beweisen lässt sie sich leider nicht.

Die Sache mit dem Jäger und dem Bärenfell ist zwar eine schöne Sage, aber nicht so richtig spektakulär. Viel mehr macht die Sage her, die über die Stabkirche von Heddal in Telemark (nicht mit Hedalen zu verwechseln, was man natürlich dauernd tut!) aus dem 13. Jahrhundert erzählt wird, die größte in Norwegen überhaupt. Die Bauern der Gegend wünschten sich damals eine Kirche, aber niemand hatte Zeit oder Geld, eine zu bauen. Da begegnete einem Bauern ein Mann, der versprach, die Kirche innerhalb von drei Tagen zu errichten, aber um einen grausamen Preis. Der arme Bauer musste versprechen, innerhalb dieser drei Tage entweder den Mond vom Himmel zu holen, den Namen des Baumeisters zu erraten oder sein Herzblut fließen zu lassen. Der Baumeister war, natürlich, der Teufel selbst, in manchen Varianten der Sage aber auch einfach nur ein besonders fieser Troll. Der Teufel ließ eine prachtvolle Kirche wachsen, der arme Bauer verzweifelte, aber in der letzten Nacht, als er in seiner Not durch die Gegend irrte, hörte er den Teufel ein Schlaflied für sein Teufelskind singen. Er sang: »Schlaf, mein Kindchen, morgen bringt Finn dir den Mond, das Christenherz wird er nicht schonen, damit das Kind etwas zum Spielen hat.« (Auf Norwegisch reimt sich das natürlich). Nun wusste der Bauer also, wie der Teufel hieß. Nicht etwa Rumpelstilzchen, sondern ganz schlicht Finn! Der Bauer war gerettet, Heddal hatte seine Kirche und Finn verzog sich vor Gram in ein fremdes Land.

Tønsberg

Wikingerschiffe zum Anfassen

Tønsberg im Bezirk Vestfold ist Norwegens älteste Stadt, die schon im 8. Jahrhundert urkundlich erwähnt wurde. Alle paar Jahre finden Archäologen eine noch ältere Stadt, aber diese älteren Städte existieren eben nur als Ausgrabungsstätten, nicht als bewohnte Orte, und somit kann sich Tønsberg weiterhin in seinem Ruhm sonnen – und mit seinen Wikingerschiffen brillieren.

Im Jahre 1904 wurde bei Tønsberg ein Schiff ausgegraben, das nach dem Fundort (einem Gehöft namens Oseberggård) den Namen Oseberg-Schiff erhielt. Es ist bis heute der reichhaltigste Fund aus der Wikingerzeit. Das Oseberg-Schiff ist ein komplett erhaltenes Wikingerschiff, mit reichen Schnitzereien überall, Drachenköpfen, verschlungenen Mustern, allem, was das Wikingerklischee will. Es war aber offenbar niemals fahrtüchtig, sondern sollte vor allem schön sein. Sein Zweck: als besonders luxuriöser Sarg einer zweifellos bedeutenden Frau zu dienen. Zuerst waren die Archäologen sich sicher: Dieses Prunkschiff musste einem mächtigen Häuptling als brennender Sarg gedient haben! Nur welchem? Die Spekulationen wucherten, Könige mit schönen Beinamen wurden vorgeschlagen, Harald Blauzahn, Ivar Knochenlos. Aber beim weiteren Graben fanden sie im Schiff die

Skelette zweier Frauen, einer jungen und einer sehr viel älteren, dazu eine reiche Menge an Grabbeigaben: Gefäße, Textilien, Schmuckstücke, Lebensmittel, alles, was die Wikingerin von Welt im Jenseits eben so braucht. Die ältere Frau war vermutlich die, um die es hier ging, die jüngere wohl eine Dienerin oder eine jugendliche Geliebte. Mehr lässt sich nicht sagen. Zuerst wurde im romantischen Überschwang jener Jahre – 1905 errang Norwegen seine staatliche Unabhängigkeit, und alles, was auf die glorreiche Vergangenheit des Landes hinwies, war willkommen! – angenommen, es müsse sich um eine mächtige Königin handeln, am besten um Frau Åsa aus dem Herrschergeschlecht der Ynglinge, die Großmutter des bekannten Wikingerkönigs Harald Schönhaar. Beweise ließen sich jedoch nicht erbringen, und irgendwann kamen die Forscher von dieser Ansicht ab. Versuche, mithilfe der Skelettreste eine DNA-Bestimmung vorzunehmen, scheiterten, kurzum, wir wissen eigentlich nichts über die beiden Oseberg-Frauen. Aus dem für den Schiffsbau verwendeten Holz jedoch geht hervor, dass das Schiff um das Jahr 820 herum gebaut worden sein muss. Vom Christentum hatte man in Norwegen damals höchstens gerüchteweise gehört – und die meisten Forscher vertreten heute die Ansicht, die ältere Frau sei eine Hohepriesterin gewesen, die mit den ihrem Amt zukommenden Ehren bestattet wurde.

Das Oseberg-Schiff war schon das dritte Schiff aus der Wikingerzeit, das um 1900 in Vestfold ausgegraben wurde, und das mit Abstand am reichsten ausgestattete und besterhaltene.

Kein Wunder, dass sich in der Gegend leises Murren regte, als das Oseberg-Schiff wie seine beiden Vorgänger (das Gokstad-Schiff und das Tune-Schiff) zur wissenschaftlichen Untersuchung nach Kristiania gebracht wurde. Aber es sollte ja nur vorübergehend sein, wie es hieß, und Tønsberg hatte damals eben keine Universität, die die Untersuchungen hätte vornehmen können. Zuerst wurde das Schiff in einer Halle der Universität von Kristiania untergebracht, dann bekam es auf der Museumsinsel Bygdøy ein eigenes Haus, das Vikingskiphus, und dort liegt es noch heute. Der Bezirk Vestfold und vor allem die Stadt Tønsberg forderten es zwar ab und zu zurück, aber da stellten sich die staatlichen Stellen in Oslo jedes Mal taub.

Irgendwann bekam man in Tønsberg die Sache dann satt. Und fing an, das Schiff nachzubauen. »Nachbauen« ist zu schwach ausgedrückt, es gibt aber kein Wort, das alles umfasst, was in Tønsberg geschah und noch geschieht. Denn das Schiff wurde mit der Technologie des Mittelalters kopiert, nachgeahmt, mit dem Werkzeug, das es damals gab, ohne Motorsägen oder sonstige moderne Hilfsmittel. Die Segel wurden handgewebt, aber zuerst wurde der Flachs, aus dem das Segeltuch dann entstehen konnte, mit der Hand gekratzt, gesponnen, was immer sonst Flachs noch verlangt – in Tønsberg ist es möglich, den Arbeitsgruppen bei der Arbeit zuzusehen, wie sie im Wikingergewand am Schiff herumschnitzen oder die Spindel drehen. Das neue Oseberg-Schiff ist längst fertig, aber in Tønsberg ist man auf den Geschmack gekommen – also wird auch das Gokstad-Schiff nachgebaut und danach das Tune-Schiff und dann wird man weitersehen. Wikingerfans aus aller Welt kommen zu Besuch, bleiben einige Wochen oder Monate und helfen mit. Es ist ein unbeschreiblicher Anblick, an einem trüben Novembermorgen in Tønsberg um die Ecke zu biegen, die Bucht mit dem Hafen öffnet sich vor unseren Augen, und aus dem Nebel ragen die legendären Drachenköpfe auf!

Ein Informationshäuschen im Hafen ist im Winter nachmittags geöffnet, in den Sommermonaten den ganzen Tag über. Man bekommt dort Auskünfte über das laufende Bauprojekt, kann Bücher zum Thema kaufen und sich auf eine Warteliste setzen lassen. Gegen eine Spende darf man dann bei der nächsten Fahrt eines Wikingerschiffes die Küste entlang mitmachen, wie lange und bis zu welchem Hafen, hängt von der Höhe der Spende ab.

Im Sommer 2017 lag der Mindestbetrag (kleinere Spenden sind natürlich auch willkommen, berechtigen aber nicht zu einer Schiffspassage) bei fünfhundert norwegischen Kronen. Damit kommt man aber nicht weit, höchstens bis Arendal. Wer bis zu den Lofoten mitfahren will, muss tiefer in die Tasche greifen. Die Summen sind allerdings verhandelbar und ändern sich immer wieder, je nachdem, wer mit welchem Betrag auf der Warteliste steht.

Als Spender auf einem Wikingerschiff mitfahren zu dürfen, berechtigt nun aber nicht dazu, an Deck auf Rentierfellen zu liegen, Met zu schlürfen und die märchenhaft schöne norwegische Südküste an sich vorbeiziehen zu lassen – wer an Bord geht, muss gewaltig anpacken und lernt, welche elende Plackerei die wikingischen Seeleute tagtäglich durchmachten.

Eine Hohepriesterin ist leider nicht an Bord, die vielleicht die schmerzenden Blasen an den Händen mit mittelalterlichem Zauber heilen könnte. Immerhin, die Pflaster aus der Bordapotheke sind von heute, es werden also nicht vollkommen strenge Maßstäbe angelegt.

Die Reise von Tønsberg zu den Lofoten dauert mehrere Wochen und ist derzeit die weiteste Reise, die die Tønsberger Wikingerschiffe unternehmen. Weitere sind allerdings geplant, nach Island, Grönland, und warum nicht auch nach Amerika? Die Wikinger waren ja schließlich auch überall.

Eben auch auf den Lofoten. In Borg auf der Lofoteninsel Vestvågøy wurde vor dreißig Jahren eine Siedlung ausgegraben, die mindestens tausend Jahre lang bestanden hatte und wohl erst zur Zeit des Schwarzen Todes im 15. Jahrhundert aufgegeben wurde. Zu der Zeit, als in Tønsberg das Oseberg-Schiff gebaut wurde, lebten in der Siedlung von Borg vermutlich um die achtzehnhundert Personen. Sie wohnten natürlich auf viele kleinere Gehöfte verteilt, aber der Mittelpunkt der Siedlung war das Langhaus, der Sitz des Häuptlings (oder Königs, über die genaue Benennung der wikingischen Herrscher sind sich die Gelehrten nicht einig, oder der Königin, denn egal was die Historiker schreiben, in den vermeintlichen Häuptlingsgräbern aller Art liegen irritierenderweise fast immer Frauen. Das wissen wir jetzt, da die Bestatteten DNA-Tests unterworfen werden). Ein Langhaus, der Name sagt es schon, war ein sehr langes Haus. Eigentlich so eine Art in die Länge gezogenes Niedersächsisches Hallenhaus. Von der an einer zentralen Stelle gelegenen Feuerstätte aus konnte die Hausherrin genau beobachten, wer sich gerade wo befand und was die Hausbewohner so unternahmen. Geschlafen wurde auf schmalen Bänken an den Wänden, aber nicht überall, denn auch das Vieh musste im Winter untergestellt werden können. Es sorgte damit für eine gewisse Erwärmung, was bei den harten nordischen Wintern sicher willkommen war.

Wenn man einen Schritt in die Wikingerzeit tun möchte, sollte man das Langhaus von Borg besuchen, auch wenn man nicht mit einem Wikingerschiff aus Tønsberg gekommen ist. Es ist sozusagen Wikingerzeit zum Anfassen! Man darf auf dem Hochsitz des Häuptlings Platz nehmen, man darf wikingische Waffen (wenn auch nur in Nachbildung) in die Hand nehmen, man darf einen Wikingerhelm aufsetzen. Der Wikingerhelm ist allerdings enttäuschend, denn ihm fehlen die charakteristischen Hörner. Und man erfährt, dass die Wikinger gar keine Hörner auf den Helmen hatten! Die hat angeblich Wagner erfunden, damit man sehen könne, wer auf der Bühne wer war, und nachher dachten alle, das sei echt wikingisch. (Die Frage, wo bei Wagner Wikinger auftreten, sollte man nicht stellen, man erntet nur Stirnrunzeln.) Kommt man schließlich zur Mittagszeit, gibt es nebenan im Café einen Imbiss aus geräuchertem Fleisch und harten dünnen Brotfladen, wie er schon zur Wikingerzeit gereicht wurde.

Allerdings kann es sein, dass die Tage der fröhlichen Wikingertouren von Tønsberg zu den Lofoten gezählt sind. Eine Feindin, von der die Wikinger des Mittelalters zweifellos keine Ahnung hatten, ist aufgetreten: die Bürokratie! Ein übereifriger Verkehrsminister hat neuerdings beschlossen, dass alle Schiffe vorschriftsmäßig ausgerüstet sein müssen, mit Ersatzmotor (auch dann, wenn es auf dem Schiff nicht einmal einen ersten Motor gibt), Sprinkleranlage, Rettungsbooten … allem, wofür auf Wikingerschiffen eben kein Platz ist. Bisher fahren sie noch, aber es ist durchaus nicht entschieden, wer am Ende den Sieg davontragen wird.

Wenn man ohnehin lieber auf festem Boden bleibt, statt sich in wogenden Wikingerschiffen auf wilde Wellen zu wagen, sollte man noch einen Moment in Tønsberg bleiben. Abgesehen von seiner wunderschönen Lage und der vielen Archäologie gibt es dort ein Glockenspiel, bei dessen Klängen man sich vorkommt wie in Flandern. Das Glockenspiel ist auf einem Wohnhaus mitten in der Stadt angebracht, es war ein Geschenk der damaligen Nachbargemeinde Sem (die inzwischen durch Gemeindefusionen verschwunden ist) zum tausendeinhundertsten Jahrestag der ersten urkundlichen Erwähnung von Tønsberg als Stadt. Das war 1971, gegossen wurden die Glocken von der Gießerei Olsen Nauen in Sem, die 1844 gegründet wurde und heute Norwegens einzige Glockengießerei ist – die Gießerei kann man nicht besichtigen, wohl aber das angeschlossene Glockenmuseum. Das Glockenspiel in Tønsberg erklingt jeden Tag zwischen neun und einundzwanzig Uhr, zu jeder Viertelstunde mit einem kurzen, hübschen Gebimmel, dann zur vollen Stunde mit einem längeren, gefolgt von Schlägen, die die Uhrzeit verkünden, dann von einer Melodie, die bisweilen wechselt. Als David Bowie starb, wurde zum Beispiel ein Titel von ihm gespielt, ansonsten ist es eher das übliche Glockenspielrepertoire, »Üb immer Treu und Redlichkeit« und solche Dinge.

Die Glocken haben natürlich nichts mit den Wikingern zu tun, obwohl die zweifellos zumindest Schiffsglocken hatten. Wenn man von den Wikingern genug hat und wissen möchte, was nach ihnen kam, dann hilft das Slottsfjellmuseum weiter. Dort erfahren wir alles über die frühen Könige von Norwegen und solche, die es werden wollten. Sie haben schöne Namen, Håkon Breitschulter und Øystein das Mädel. Selbiger war Anführer der Birkebeiner, die zwischen 1177 und 1319 die norwegischen Könige stellten. Da war der arme Øystein aber schon tot, er fiel 1177 in der Schlacht von Re, gleich um die Ecke von Tønsberg etwas weiter im Binnenland gelegen. Wie er zu seinem interessanten Beinamen gekommen ist, erfährt man im Museum nicht. Ehe die Birkebeiner die Königsmacht wieder verloren, stellten sie mit Håkon Håkonssohn den ersten norwegischen König, der, 1217, vom Papst gesalbt wurde. Natürlich reiste der Papst nicht persönlich in den hohen Norden, er schickte einen Kardinal als Stellvertreter. Dass der Papst ihn als König anerkannte, war für Håkon noch bedeutender als für andere mittelalterliche Könige. Er war nämlich ein unehelicher Sohn und damit eigentlich nicht erbberechtigt. Aber da die Birkebeiner nun einmal alle wichtigen Schlachten gewonnen hatten, saß Håkon fest auf seinem Thron, und durch die päpstliche Anerkennung hoffte er, in den Nachbarländern Verbündete zu gewinnen. Die gab es nicht umsonst, Håkon versprach einen Kreuzzug, schob ihn aber immer weiter auf und starb dann 1263 auf Orkney, das damals noch zu seinem Königreich gehörte. Håkon machte auf eine Weise Geschichte, mit der er selbst nicht gerechnet hatte – denn er hatte gezeigt, was möglich war, und »wenn Håkon, warum nicht auch ich«, dachte sich so mancher uneheliche norwegische Adelsspross und wollte ebenfalls König werden. Das norwegische ausgehende Mittelalter ist deshalb reich an bürgerkriegsähnlichen Fehden, die man sich einfach nicht alle merken kann. Die Wikingerschiffe und überhaupt die Wikinger wirken plötzlich sehr übersichtlich und strukturiert, und vom Museum geht man dann lieber wieder in den Hafen und zu den Schiffen. Aber dort steht auch eine meiner Lieblingsskulpturen, die rein gar nichts mit Wikingern und Thronprätendenten zu tun hat. Sie zeigt den Schlagersänger Jahn Teigen. Der war der erste Sänger überhaupt, der beim Eurovision Song Contest null Punkte holte. Das war 1975, als der Wettbewerb noch »Grand Prix Eurovision de la Chanson« hieß und alle in ihren Landessprachen sangen. Jahn Teigens Lied hatte den schönen Titel »Kjærlighetens under« (»Das Wunder der Liebe«) und wurde in Norwegen zu einem seiner größten Erfolge. Außerdem ist – oder war, aus gesundheitlichen Gründen kann er seit einigen Jahren kaum noch auftreten – Jahn Teigen in Norwegen bekannt als ein Künstler, der nie Nein sagt. Ob es um Gratiskonzerte für kranke Kinder ging oder sonst einen guten Zweck, Jahn Teigen ließ sich nicht lange bitten. Ganz klammheimlich hatte er immer noch andere Ideen. Als er einmal erfuhr, dass Karl Marx in seiner Jugend kitschige Liebeslieder verfasst hatte, ließ er sich sofort eines übersetzen, ging ins Studio und nahm es auf. Eine CD »Jahn Teigen singt Karl Marx« wäre ja ein Traum, aber bisher gibt es sie leider nicht. Seit Herbst 2012 hat er nun ein Denkmal in seiner Heimatstadt Tønsberg. Da sitzt er, gestaltet aus blauem Larvikit (einer Gesteinsart, die vor allem in Tønsbergs Nachbarstadt Larvik vorkommt und deshalb diesen Namen trägt) von der Bildhauerin Nina Nesje, die auf der gleich neben Tønsberg gelegenen Insel Nøtterøy lebt. Der Sänger sieht zart und poetisch aus, sitzt lächelnd an einem Tischchen, das einen Cafétisch darstellen soll, und schaut auf den Hafen und die Wikingerschiffe.

Finnskogen

Norwegens Märchenwald

Vom Tourismus kaum berührt ist Finnskogen, ein Waldgebiet, das so ungefähr zwischen Kongsvinger und Elverum in Norwegen und Värmland in Schweden liegt – dass hier keine schwedischen Orte angegeben werden, liegt einfach daran, dass Finnskogen so dünn besiedelt ist, dass auf schwedischer Seite die Orte fehlen. Es war nicht einmal festzustellen, wie viele Einwohner Finnskogen denn so ungefähr hat – immerhin gibt es einen gewissen Hinweis, dass für Svullrya, den zentralen Ort des Finnenwalds, im Sommer 2017 amtlich zweihundertsechsunddreißig Einwohner verzeichnet waren. Finnenwald, das ist die wörtliche Übersetzung, und sie trifft absolut zu. Seit dem 16. Jahrhundert siedelten sich dort finnische Auswanderer an, ihre finnische Heimat war ihnen zu ungastlich, während Schweden und Norweger absolut nicht in die endlosen Wälder wollten. Noch immer sind überall in Finnskogen finnische Einflüsse zu bemerken, und sei es nur in der ausgeprägten Saunakultur. Im Hotel in Svullrya gibt es finnische Kost, Eintöpfe, die in Finnland längst in Vergessenheit geraten sind, hier aber überlebt haben. Und viele Familien haben noch immer finnische Nachnamen. Andere haben ihre Namen irgendwann eingenorwegischt, aus Mikkaläinen wurde dann Mikkelsen. Nicht immer klappte das mit dem Einnorwegischen so elegant – wie immer die Familie Hamletsen einmal geheißen haben mag, auch Hamletsen fällt in der norwegischen Namenslandschaft gewaltig aus dem Rahmen. So sehr, dass ein Zeitungsrezensent über einen neuen Roman des in Norwegen hochgeschätzten Autors Levi Henriksen (selber ein Finnskogbewohner) schrieb, man könne ja wohl kein Buch ernst nehmen, in dem jemand Hamletsen heißt, worauf Levi Henriksen ihm empfahl, doch einfach mal im Telefonbuch der Gegend nachzusehen.

Fast jede Familie verwahrt hier anstelle der anderswo in Norwegen üblichen alten Familienbibel eine Säge oder eine Axt, die die Vorfahren damals aus Finnland mitgebracht haben und die hoch in Ehren gehalten wird. Noch bis ins 20. Jahrhundert wurde übrigens in den Waldgebieten Finnisch gesprochen – und Volkskundler, die nach 1900 dort Sagen und Sprüche sammelten, haben einige in uraltem Finnisch gehaltene Runenbeschwörungen aufzeichnen können.

Kein Wunder, dass es in Finnskogen nicht ganz geheuer zugeht. Der norwegische Verein der Wünschelrutengänger hält regelmäßig Lehrgänge ab, weil es hier angeblich besonders einfach ist, auf verborgene Quellen oder Metalle zu stoßen. Immer wieder hört man von Flugzeugen ohne jegliche Beschriftung, die über Finnskogen kreisen und dann einfach verschwinden und deren Start auf keinem Flugplatz verzeichnet ist. Es gibt mitten im Wald beim Weiler Mikkola (finnischer Name!) auf der schwedischen Seite ein aus unterschiedlichen Erdschichten gebildetes Kreuz im Boden; versucht man, es abzutragen, ist es nach wenigen Wochen wieder da, und in diesem Erdreich wächst nichts. Es wimmelt von Geistererscheinungen und Irrlichtern, und welches Gespenst ein Mann gesehen hat, dessen Fenster im der Waldkultur gewidmeten Museum von Elverum zu sehen ist, wird auf ewig ungeklärt bleiben. Die offizielle Erklärung ist, dass er irgendwann gegen Ende des 18. Jahrhunderts aus seinem Fenster schaute und dabei vom Blitz getroffen wurde, sein entsetztes Gesicht wurde in der Scheibe gespiegelt und blieb haften, offenbar ist das möglich, erklären Physikprofessoren, das ist irgendein Effekt wie bei Fotografie. Nur an der Sache mit dem Blitz gibt es arge Zweifel, weil er im Haus, das unter hohen Bäumen stand, nicht getroffen worden sein kann, sagen die Professoren, der Blitz habe in einen Baum eingeschlagen. Also muss er ein Gespenst gesehen haben, vielleicht einen finnischen Urahnen, der ihm mit der Säge zuwinkte. Es gibt eine norwegische Website zum Thema Magie in Finnskogen. Dort steht aber nur, dass es in Finnskogen eine Menge alten Zauber gibt, den damals die finnischen Einwanderer mitgebracht haben. Es sei zu unterscheiden zwischen schwarzer und weißer Magie, die weiße diene zum Heilen, die schwarze dazu, anderen zu schaden. Wenn man nun wissen will, wie man die eine oder andere Magie anwendet und was in Finnskogen gerade an magischen Aktivitäten läuft (Volkshochschulkurse über Liebeszauber?, das wär doch was) und also die angegebenen Links anklickt, kommt – nichts, leere Seiten, die Websites lassen sich einfach nicht aufrufen (vermutlich braucht man auch dazu den passenden Zauberspruch, den man nur in Finnskogen lernen kann).

Das Museum in Elverum ist groß und modern, aber als zentraler Ort hat auch Svullrya eins, schräg gegenüber dem Hotel gelegen. Ein Wort zum Hotel: Es ist ein wunderschöner Holzbau im traditionellen Palisadenbaustil der Gegend, wie gesagt gibt es dort finnische Kost – aber um neunzehn Uhr ist sogar in der Hochsaison Feierabend, wer gern in Ruhe auf der Hotelterrasse einen trinken möchte, ist auf mitgebrachte Vorräte angewiesen.

Das Museum von Svullrya ist klein und altmodisch und zeigt, wie die Waldfinnen um 1800 gewohnt haben, ohne Kamin, mit Rauchstube, in der gekocht wurde, in der man sich wegen des Rauches aber nicht aufhalten konnte. Das Schönste an diesem kleinen Museum ist seine noch kleinere Nebenstelle. Wenn Levi Henriksen heute der unbestritten führende Autor von Finnskogen ist (viele seiner Bücher sind ins Deutsche übersetzt worden), so hat er eine würdige Vorgängerin in Åsta Holth (1904–1999). Sie schrieb als Erste über ihre Heimatregion. Leider sind Åsta Holths Bücher auch in Norwegen zu wenig bekannt und deshalb offiziell vergriffen. Aber zu kaufen seien sie trotzdem, heißt es, in Svullrya in Finnskogen. Im Dorfladen in Svullrya aber werden nur Postkarten verkauft, auf denen Åstas Freund oder Gehilfe Jussi mit ihrem Pferd Pinocchio einen Acker pflügt. Åsta Holth hat nicht nur Ackerbau betrieben, sondern auch eine Tracht für Finnskogen entworfen, die sogar vom norwegischen Trachteninstitut gebilligt wird, sie hat Dialektwörter gesammelt, alte Kochrezepte aktiviert und eben geschrieben. Ja, und die Bücher gebe es nicht hier, sondern im Åsta-Holth-Museum, heißt es also im Museum von Svullrya.

Das am anderen Ende des Dorfes gelegene Haus von Åsta Holth, das eine Art Mini-Museum beherbergt, ist nicht leicht zu finden. Es sieht aus wie eine heruntergekommene Scheune, aber durch das Fenster erblicken wir den Tisch mit der Schreibmaschine der Dichterin – ein großer Augenblick. Das Museum hat geöffnet, das verkündet das Schild am Eingang. Es ist aber zu, und Klopfen an Tür und Fenster hilft auch nichts. Irgendwann geben wir auf und wollen gehen, aber da schaut aus einem Fenster eine alte Dame. Wir winken, laufen zur Tür, klopfen abermals – nichts. Als wir dann endgültig aufgeben und zur Straße zurückkehren, steht die alte Dame wieder am Fenster. Und aus dem zweiten Fenster blickt ein nicht ganz so alter Herr. Eigentlich gibt es dafür nur drei Erklärungen: Erstens: Sie haben uns gesehen und wollen solche Leute nicht in ihr schönes Museum lassen. Zweitens: Sie sind gerade dabei, die Besucher, die vor uns gekommen sind, auszurauben, und wollen nicht gestört werden. Gut, dass wir nicht arglos in diese Falle getappt sind. Drittens: Sex, dazu lieber keine weiteren Erklärungen. (Levi Henriksen, der sich doch auskennen muss, tippte sofort auf Erklärung drei.)

Im Hauptmuseum in Svullrya ist das Erstaunen groß – da *muss* jetzt geöffnet sein, heißt es, wir sollten es noch mal versuchen. Ob sie nicht anrufen könnten, fragen wir. Anrufen? »Nein, Annelise ist über achtzig, die hat kein Telefon.« – »Aber vielleicht der Mann? Der wirkte doch um einiges jünger?«, schlage ich hoffnungsvoll vor. »Der Mann?« Sämtliche Museumsleute stoßen schrille Schreie aus. »Da darf doch gar kein Mann sein!« Alle weiteren Verhandlungsversuche blieben erfolglos, Åsta Holths Schreibmaschine haben wir also nur durch ein Fenster gesehen, und Bücher konnten wir auch nicht kaufen. Ob irgendetwas von Åsta Holth Geschriebenem auch nur halb so unterhaltsam ist wie der Versuch, in ihr Museum zu gelangen?

Wenn man in Svullrya einfach weiter in Richtung Schweden wandert oder fährt, es gibt nur die eine Straße, kommt man bald zu einem von Norwegens schönsten Hotels, Finnskogtoppen. Es liegt auf einer Anhöhe und man genießt einen unendlich weiten Blick über Wälder und kleine Waldseen, sogar vom hoteleigenen Hallenbad aus. Wegen der ruhigen Lage gibt es ein reiches Angebot an Seminaren zum Thema Stressminimierung, aber man ist auch willkommen, wenn man einfach nur den Ausblick und die gesunde Kost genießen und nun endlich abends in Ruhe mal ein Glas Wein trinken möchte. Die Besitzerin des Hotels heißt Inger Lise Rypdal (ihr Exgatte Terje Rypdal ist auch deutschen Jazzfans ein Begriff), und sie kann auf eine strahlende Karriere als Schlagersängerin zurückblicken. Erinnert sich jemand an das Lied »In diesem ehrenwerten Haus« von Udo Jürgens? Darin beschweren sich alle im Haus über eine Mietpartei, die nicht ihren gutbürgerlichen Ansprüchen entspricht, worauf die Kritisierten dann den anderen die Leviten lesen und zeigen, was für spießige Heuchler sie doch sind? Dieses Lied war eine Nachdichtung der Ballade »Harper Valley P.T.A.« der Countrysängerin

Jeannie C. Riley. In der Originalfassung wird eine Mutter in die Schule bestellt, weil die anderen Eltern finden, sie gebe ein schlechtes Beispiel, trage Miniröcke und verhalte sich so gar nicht wie eine sittenstrenge Matrone. Die norwegische Version, verfasst von Terje Mosnes, hielt sich enger an das Original als die von Udo Jürgens und war der größte Erfolg der heutigen Hotelwirtin. Es ist nicht unbedingt anzuraten, sie darauf anzusprechen, aber meistens hat man beim Besuch in ihrem Hotel ohnehin nicht mit ihr persönlich zu tun.

Wenn man der Straße noch weiter folgt, kommt man irgendwann zu einem See, der genau auf der Grenze zwischen Norwegen und Schweden liegt, auf Norwegisch heißt er Røgden, auf Schwedisch Röjden. Und irgendwo am See steht ein großer Gedenkstein mit den Namen der ersten finnischen Familien, die sich hier im Wald niedergelassen haben, die sogenannte Finnebauta (*bauta* = Gedenkstein). Das weiß ich, weil im Dorfladen von Svullrya auch eine Postkarte mit einem Bildnis des Steins verkauft wird. Auf Landkarten ist er nicht eingezeichnet, im Museum von Svullrya wird versichert, doch, der sei unbedingt eine Sehenswürdigkeit, leider sei man selbst nie dort gewesen. Den Weg dahin scheint niemand zu wissen – noch eines der vielen Geheimnisse des an Geheimnissen so reichen Finnskogen!

Das Nordlicht

Wenn man sich vorkommt wie zu Anbeginn der Zeiten

Ich würde jetzt gern erklären, wie das Nordlicht entsteht. Aber immer, wenn ich es noch einmal nachschlage und glaube, es endlich begriffen zu haben, merke ich, dass ich es trotzdem nicht wiedergeben kann. Ich zitiere deshalb aus Wikipedia:

»Polarlichter entstehen, wenn elektrisch geladene Teilchen des Sonnenwinds aus der Magnetosphäre (hauptsächlich Elektronen, aber auch Protonen) auf Sauerstoff- und Stickstoffatome in den oberen Schichten der Erdatmosphäre treffen und diese ionisieren. Bei der nach kurzer Zeit erfolgenden Rekombination wird Licht ausgesandt. Durch die Energieübertragung rutschen die Elektronen also eine Schale nach außen, danach aber wieder auf die ursprüngliche Schale zurück. Dabei wird elektromagnetische Strahlung emittiert, es wird Licht ausgesandt. Die Energie stammt ursprünglich aus Emissionen der Sonne.«

Es geht noch lange so weiter und sicher ist das alles sehr wissenschaftlich, aber das unglaubliche Erlebnis, das Nordlicht zu sehen, kann es nicht im Entferntesten in Worte fassen. Dass hier von Polarlichtern die Rede ist, hat übrigens einen Grund: Neben dem bekannten Nordlicht gibt es auch ein Südlicht. Das tritt logischerweise am Südpol auf und ist deshalb in unseren Breiten kaum bekannt.

Einerseits ist es für unsereins natürlich viel leichter, nach Norwegen oder Finnland zu reisen, um sich das Polarlicht des Nordens anzusehen, andererseits sind die nächsten bewohnten Orte vom Südpol auch viel weiter von diesem entfernt als die des Nordens vom Nordpol. Es ist ganz einfach nicht so leicht, das Südlicht zu sehen und trotzdem festen Boden unter den Füßen zu haben. Im Walfängerland Norwegen ist überraschenderweise das Wissen vom Südlicht noch immer sehr verbreitet: Es ist noch nicht so lange her, dass die Walfänger in Südgeorgien überwinterten und zu ihrer Unterhaltung kaum etwas anderes hatten als eben das Südlicht.

Das Nordlicht ist vor allem in den Wintermonaten gut zu sehen, aber rein physikalisch spricht nichts dagegen, dass es auch im Sommer auftaucht. Nur scheint dann in den Gegenden, wo man es am deutlichsten sehen könnte, die Mitternachtssonne, und die verdeckt alle Versuche des Nordlichts, sich auch zur Geltung zu bringen. Im Winter aber ist das Polarlicht hell und strahlend, am besten zu sehen in Nordnorwegen, Nordschweden, Finnland, Grönland, Island – eben in den nördlichen Breiten. Ehe die Wissenschaft so weit war, das Entstehen des Nordlichts erklären zu können, hatten die Menschen wunderbare Erklärungen. Die Sami hielten es für die Vorboten kommenden Unglücks, vor allem wenn im Nordlicht gerade die Rottöne überwogen. Vielleicht waren es aber auch die Seelen der Verstorbenen, die auf dem Weg ins Jenseits, wo es offenbar bitterkalt war, noch einmal ein Feuer anzündeten, um sich ein letztes Mal zu wärmen. Einige Inuitvölker glaubten angeblich, die Geister der Verstorbenen spielten mit einem leuchtenden Walrosskopf Ball – nüchterner gestimmte Völkerkundler berichten allerdings, sie hätten das durchaus nicht wirklich geglaubt, sondern als schöne Geschichte den Kindern vor dem Einschlafen erzählt. Die Wikinger sahen im Nordlicht den Widerschein der Rüstungen gefallener Krieger, die von den Walküren nach Walhalla gebracht wurden. Auch die Vorstellung ist belegt, dass das Nordlicht vor allem mitteilen soll, dass gerade jetzt eine gute Nacht zum Kinderzeugen sei. Andere Chronisten aus vergangenen Jahrhunderten dagegen mutmaßen, es seien die Seelen der Verstorbenen, die Ausgang haben und sich gegenseitig besuchen.

Jede dieser Erklärungen ist natürlich viel schöner und überzeugender als das, was die Physiker uns erzählen. Und sie alle sind total egal, wenn man einmal das Nordlicht erlebt. Es ist wirklich unbeschreiblich, aber man kann es ja versuchen. Es ist ungeheuer hell, aber die Helligkeit ändert sich ständig. Es gibt viele Farben darin, die auftauchen und verschwinden, nicht wie beim konstanten Regenbogen, es ist ein wildes Gewusel, und kaum hat man sich auf eine Farbe konzentriert und will ihr folgen, um eine gewisse Ordnung in das Schauspiel zu bringen, schon ist sie verschwunden. Die Lichter pulsieren, breiten sich aus, schlingen sich umeinander, verschlingen sich gegenseitig, alles wogt und hebt und senkt sich, wie ein gewaltiges, niemals endendes und niemals zur Ruhe kommendes Band. Das alles in einem langsamen Rhythmus, wie zu einer für uns unhörbaren Musik. So muss es eine Sekunde vor Beginn der biblischen Schöpfungsgeschichte ausgesehen haben, unmittelbar, ehe Land, Meer und Himmel Gestalt annahmen und die Welt entstand. Oder eine Sekunde vor dem Urknall, aber ein so prosaischer Gedanke taucht erst hinterher auf, angesichts des Nordlichts hat man einfach das Gefühl, für den Bruchteil einer Sekunde Gott auf die Finger zu schauen.

Ein solches Naturschauspiel ist ein wahres Geschenk für die Tourismusindustrie. Reisen zum Nordlicht sind seit Jahren ein großer Renner, wobei natürlich kein Reiseunternehmen und kein Hotel garantieren kann, dass das Nordlicht sich zum gebuchten Termin auch wirklich zeigt. Also werden Ersatzvergnügungen organisiert, Fahrten im Hundeschlitten oder mit dem Schneemobil, Besuche in einem samischen Zelt, wo Rentiersuppe serviert wird, oder einfach eine Shoppingrunde in Kautokeino oder Lakselv, wo es samisches Kunsthandwerk zu kaufen gibt. Die Reisenden, die vergeblich auf das Nordlicht warten, sind natürlich trotzdem enttäuscht. Man kann sich ein bisschen vorbereiten, Tabellen studieren, einen Ort aufsuchen, wo man bei klarem Himmel ganz besonders gute und weite Sicht hat, eine entsprechende App herunterladen oder sich per SMS Bescheid geben lassen, wenn irgendwo die Bedingungen besonders günstig sind. Das alles aber tun auch die Hotels und Tourismusunternehmen, man kann sich die Mühe also auch sparen und sich einfach in sein Schicksal ergeben, denn selbst wenn die SMS plingt, muss man ja noch an den Ort gelangen, wo das Nordlicht zu sehen ist, und bis man dort angelangt ist, kann sich schon wieder eine Wolkendecke davorgeschoben haben.

Man kann sich also glücklich schätzen, wenn es einem gelungen ist, das Nordlicht zu sehen, somit sollte es doch eigentlich als Glücksbringer gelten. Seltsam, dass die Menschen in früheren Zeiten es für einen Unglücksboten hielten. Aber die suchten es ja nicht auf, sondern nahmen es hin, wenn es sich zeigte, und wenn sie die Erklärungen mit den Walküren oder den wandernden Seelen nicht befriedigend fanden, dann lag sicher die Vorstellung vom kommenden Unglück näher. Für heute gilt vielleicht: Wenn man schon mal das Glück hatte, das Nordlicht zu sehen, kann man nicht noch mehr verlangen und sollte über das nächste Missgeschick nicht klagen.

Wer nur Pech hat und gar kein Nordlicht sieht, kann sich mit klingender Münze trösten. 2017 wurden in Norwegen neue Kronenstücke eingeführt. Die eine Seite zeigt das Wappen von König Haakon VII., die andere sein Motto, »Alt for Norge«, »Alles für Norwegen« und im Hintergrund das Nordlicht.

Kaiser Wilhelms letztes Reich

In Norwegen auf den Spuren Seiner Majestät

Kaiser Wilhelm II. war ein großer Norwegenfan, das wissen noch viele hierzulande, seine Nordlandreisen (wie er das nannte) haben Norwegen in Deutschland als traumhaft schönes Reiseland erst bekannt gemacht. Regelmäßig, insgesamt dreiundzwanzigmal, begab er sich mit seiner Jacht »Hohenzollern« auf Nordlandreise. Die norwegische Königin Maud war seine Lieblingskusine – und das hieß schließlich etwas, bei der weitschichtigen Verwandtschaft, die die Adelshäuser seiner Zeit aufweisen konnten. Bei seinen Reisen lief er regelmäßig den Hafen von Bergen an und lud die von ihm verehrte Sängerin Nina Grieg zum Essen an Bord ein – ohne Ehemann Edvard übrigens, aber eigentlich war das nur konsequent, denn Wilhelm ging ja auch ohne die Kaiserin auf Nordlandreise!

Er besuchte auf diesen Touren Kusine Maud auf ihrem Schloss in Kristiania nur selten, ihn zog es an die Westküste und in die Fjorde. Am Sognefjord sind erstaunliche Erinnerungen an ihn zu sehen. Im alten Holzhotel Kviknes im romantischen Balestrand gibt es einen hölzernen Sessel, in dem der Hotelgast Wilhelm Hohenzollern am 24. Juli 1914 gerade gemütlich beim Kaffee saß, als eine unheilvolle Depesche eintraf. Serbien hatte das österreichische Ultimatum abgelehnt, nun war der Krieg nicht mehr zu vermeiden. Der Hoteldirektor zeigt den Sessel nur flüsternd vor, er möchte nicht, dass sich herumspricht, welcher von allen Sesseln im Salon der richtige ist – denn dann würde jede deutsche Reisegesellschaft nacheinander darin sitzen wollen und bald wäre vom Sessel nichts mehr übrig. Es ist also ein ganz besonderes Gefühl, in des Kaisers Sessel Platz zu nehmen. Ich habe versucht, mir vorzustellen, was Wilhelm beim Lesen der Depesche wohl gedacht hat. Vermutlich so ungefähr (er liebte ja klare Worte): »Scheiße, da muss ich meinen schönen Urlaub abbrechen.« Später hat er Norwegen übrigens nie wieder gesehen.

Viel leichter zu finden als der Sessel ist eine riesige Statue, die Wilhelm der Balestrand gegenüberliegenden Gemeinde Vangsnes geschenkt hat. Und weil sie nicht zu übersehen ist, gilt sie als eine der absoluten Sehenswürdigkeiten der Gegend. Sie stellt den mittelalterlichen Helden Fridtjof den Frøkne dar. Je nachdem, welchen Mittelalterforscher man befragt, bekommt man folgende Übersetzungen für diesen Namen: Fridtjof der Kühne, Fridtjof der Sommersprossige und Fridtjof der Damenhafte. Ich wollte danach nicht weiterforschen, Fridtjof der Damenhafte ist einfach zu schön. Was mag er getan haben, um sich diesen wundervollen Beinamen zu verdienen? Hat er häufiger als zweimal im Jahr gebadet, ob es nun nötig war oder nicht? Ritt er vielleicht im Damensattel zum Tjost? Es gibt sogar – aber das ist umstritten – mindestens einen Forscher, der behauptet, Fridtjof sei die erste Tunte gewesen, die in Norwegen namentlich bekannt ist. Immerhin hatte das Altnordische ein Wort für Menschen, die sich nicht für ein Geschlecht entscheiden konnten oder mochten, nämlich *irgi,* möglich ist also vieles. Wir wissen allerdings nichts, was Fridtjof angeht. Aber wir haben die Statue, und die ist umwerfend. Zweiundzwanzig Meter hoch, man darf nach Herzenslust darauf herumklettern, geschaffen wurde sie von dem deutschen Bildhauer Max Unger (1854–1918), aufgestellt 1913. Wilhelm hatte also nicht lange etwas von seinem Geschenk.

Die Erinnerung an ihn aber lebt noch immer. Zum Beispiel am Sognefjord. Zeitzeugen, die sich an Wilhelms Besuche erinnern können, gibt es natürlich nicht mehr. Aber es gibt alte Leute, die von ihren Eltern davon gehört haben, und auch sehr viel jüngere erzählen die Geschichten weiter. Wie Wilhelm mit seiner Yacht angefahren kam, wie Leute aus den Dörfern an Bord geladen wurden, wie es immer neue Feste gab, und wie die Matrosen an Land kamen, um mit den Kindern der Umgebung Wettbewerbe im Sackhüpfen zu veranstalten. Dass Wilhelm immer großzügig half, wenn irgendwo eine Familie in Not geraten war. Und eins haben die Urgroßmütter mit noch nach Jahrzehnten leuchtenden Augen erzählt: dass die deutschen Matrosen immer so höflich und galant waren, ganz anders als die norwegischen Bauerntrottel. Nicht immer werden so harte Urteile ausgesprochen, oft verdrehten die alten Damen nur die Augen und taten ihre Landsmänner mit einer verächtlichen Handbewegung ab.

Dass nicht alles auf den Nordlandreisen ganz harmonisch verlief, können wir nur ahnen. In der Nähe von Odda am Sørfjord, einem Seitenarm des

Hardangerfjords, finden wir ein Denkmal für einen gewissen Gustav von Hahnke, Leutnant zur See, der im Alter von sechsundzwanzig Jahren mit dem Fahrrad in den reißenden Wasserfall Låtefoss stürzte und ertrank. Der Leutnant, dem eine glänzende Karriere bevorzustehen schien (sein Vater, Wilhelm Gustav Karl Bernhard von Hahnke, war der Chef des preußischen Militärkabinetts), war mit dem Kaiser und dessen Begleitung an Bord der »Hohenzollern« auf Nordlandfahrt gewesen. Aber was war passiert? Das wissen wir nicht, vermutlich wollte der junge Gustav einfach zeigen, wie elegant er Fahrrad fahren konnte, was damals ja längst noch keine allgemein verbreitete Kunst war, und kam auf dem holprigen Weg ins Schleudern. Aber ein fescher junger Leutnant, der in einem Wasserfall ertrinkt, so etwas regt natürlich die Phantasie an – und die Gerüchte sind nie verstummt. Die einen mutmaßen, die Liebe zu einer nicht standesgemäßen Norwegerin habe den jungen Mann in den Selbstmord getrieben. Eine andere Theorie vermutet, er habe den Kaiser beleidigt und einem preußischen Edelmann sei dann nur der Selbstmord zur Ehrenrettung geblieben. Diese dramatische Deutung leidet allerdings daran, dass es keine Zeugen für eine Beleidigung Seiner Majestät gab, und wie hätte ein kleiner Leutnant den hohen Herrn denn so kränken können, dass nur der Tod als Sühne infrage kam? Die dritte Theorie raunt dunkel von homosexuellen Aktivitäten an Bord der »Hohenzollern«, Hahnke erscheint darin abwechselnd als verfolgte Unschuld, die den Nachstellungen irgendeines hohen Offiziers zu entgehen versuchte, als im Stich gelassener Liebhaber eines hohen Offiziers oder als jugendlicher Verführer, der seine Attraktivität überschätzt hatte und von einem hohen Offizier abgewiesen worden war. Die Sache bleibt also rätselhaft. Der Gedenkstein, imposant am Hang des Gletschers Folgefonni angebracht, ist eher prosaisch:

Dem Andenken
an
GUSTAV von HAHNKE
Kaiserlichen Lieutenant zur See
an Bord S.M.Y. Hohenzollern
welcher am 11. Juli 1897
im Alter von 26 Jahren
durch einen Sturz in den Grönsdalselv
an dieser Stelle den Tod fand

Wilhelm II
Deutscher Kaiser
u. das Offizierkorps S.M.Y. Hohenzollern

Offenbar hat also der Kaiser selbst den Stein gestiftet, was die Theorie mit der Beleidigung noch unwahrscheinlicher wirken lässt.

Großzügig zeigte Wilhelm sich auch, als 1904 ein verheerender Brand die Innenstadt von Ålesund verwüstete. Nun richtete natürlich jedes Feuer in den alten norwegischen Städten mit ihren engen Gassen und den Häusern aus Holz furchtbare Schäden an. Dass der Brand von Ålesund als besonders schrecklich gilt, sozusagen als Jahrhundertkatastrophe, zeigt jedoch, wie schlimm es gewesen sein muss. Wilhelm half, er schickte Geld, Medikamente, Baumaterialien, und er schickte deutsche Baumeister. Die bauten die Innenstadt wieder auf, diesmal aus Stein und so, wie es gerade in Deutschland Mode war. Deshalb hat Ålesund eine vollständig erhaltene Innenstadt im Jugendstil, was heute Reisende und Geld in die Stadt bringt. Zum Dank wurde eine der Hauptstraßen nach Kaiser Wilhelm benannt. Zudem gibt es ein Denkmal (allerdings mit seinen schnöden sieben Metern Höhe durchaus nicht zu vergleichen mit Fridtjof dem Damenhaften, und darauf herumklettern darf man auch nicht), ein Ausflugsdampfer heißt »Kaiser Wilhelm« und in der 1909 errichteten Ålesund Kirke (das ist die lutherische Hauptkirche der Stadt, die alte Hauptkirche war 1904 ebenfalls abgebrannt) zeigt ein Fenster das preußische Wappen. Das führen sie bei Kirchenführungen ganz stolz vor und können es gar nicht fassen, dass deutsche Besucher in der Regel keine Ahnung haben, wie das preußische Wappen aussieht oder ausgesehen hat. In Ålesund wissen das offenbar alle.

Eufemia

Norwegens Königin der Herzen

Als der neue Osloer Stadtteil Bjørvika konzipiert wurde, das ist die Gegend, in der die schneeweiße Oper liegt, staunten viele über den ersten Grundriss: Da war ein »Königin-Eufemia-Boulevard« eingezeichnet. Königin Eufemia? Komischer Name!, war zumeist die achselzuckende Reaktion. Das ganze Mittelalter hindurch jedoch war »Eufemia« ein sehr beliebter Name. Die ursprüngliche Eufemia war eine frühchristliche Märtyrin, deren Reliquien tausend Jahre später von den Malteserrittern nach Malta gebracht wurden, sie war eine der Schutzpatroninnen der Kreuzritter, und über mehrere Jahrhunderte finden wir in Europas Adelshäusern eine Menge kleiner Eufemias. Noch 1501, als Kreuzzüge eigentlich schon aus der Mode gekommen waren, wird eine junge Adelige aus Schottland namens Lady Eupheme Drummond erwähnt – und das nur, weil sie aus Versehen das Gift schluckte, das für ihre Schwester bestimmt gewesen war, die Geliebte des schottischen Königs Jakob IV. Unsere Eufemia geriet trotz ihres klangvollen Namens in Norwegen so ziemlich in Vergessenheit, aber jetzt ist zumindest der Name nicht mehr zu übersehen. Wenn man auf dem Bahnhof Oslo S ankommt, will man eigentlich nur weg aus diesem grauenhaften Gewühl. Seit einiger Zeit gibt es einen Seitenausgang, man braucht also nicht die furchtbar laute und unübersichtliche Bahnhofshalle zu durchqueren. Der Ausgang führt hinaus auf eine nach Eufemia benannte Straße, denn für einen Boulevard hat es dann doch nicht gereicht. Aber es gibt die Dronning Eufemias gate, und man kommt dann auch gleich an der Eufemia-Bar vorbei, die in einem teuren Hotel liegt. In der Bar erinnert nichts an die Königin, kein Bildnis, nicht einmal eine Flussperle, auf der Straße allerdings auch nicht. Sie sah auf den Plänen wunderschön aus, wie ein Boulevard eben, auf dem man gern flanieren würde, das Flanieren aber verhindert der berüchtigte Osloer Autoverkehr. Jetzt ist die Dronning Eufemias gate ziemlich scheußlich, dort stehen die »Barcode« genannten Hochhäuser, die von der Osloer Innenstadt aus neuerdings den Blick auf den Fjord versperren, aber immerhin, man sieht die Oper.

In dieser Gegend lag das alte, ursprüngliche Oslo, wie archäologische Funde ergeben haben. Also wurde für die neue Hauptstraße ein schöner historischer Name gesucht. Und Eufemia klingt doch wirklich gut! Die spätere norwegische Königin Eufemia wurde um 1280 geboren, und zwar auf Rügen. Ihr Vater war der dortige Fürst Wizlaw II., ihre Mutter die Fürstin Agnes von Braunschweig-Lüneburg, ihr Urgroßvater kein Geringerer als Heinrich der Löwe. 1299 heiratete Eufemia den norwegischen Herzog Haakon Magnusson, der noch im selben Jahr als Haakon V. zum König von Norwegen und Island gekrönt wurde. Eufemia brachte ihre Bibliothek mit, die als eine der reichhaltigsten von ganz Europa galt, und außerdem eine Tochter namens Agnes, von der unklar ist, wer ihr Vater war. Zeitgenössische Quellen nennen einen Ritter Nikolaus, über den sonst nichts bekannt ist, nur dass er kurzfristig mit Eufemia verlobt war, ehe aus Norwegen ein lukrativeres Angebot kam. Haakon bezeichnete Agnes fortan als »unsere Tochter« und beschaffte ihr später einen Ehemann aus dem norwegischen Hochadel, den Reichsrat und Ritter Havtore Jonsson. Dass er aber nicht der »echte« Vater war, zeigt sich daran, dass nicht Agnes seine Nachfolgerin wurde, sondern die 1301 geborene Tochter Ingebjørg. Für Ingebjørg änderte er sogar das Thronfolgegesetz, nach dem nur Männer den norwegischen Königsthron erben konnten! Die Regelung wurde übrigens abgeschafft, als Norwegen unter dänische Herrschaft geriet, und erst 1991 wieder eingeführt. Als Norwegen 1905 unabhängig wurde, wurde in der neuen Verfassung das männliche Erbrecht im Königshaus festgeschrieben. Dass das beim Ausbleiben von Prinzen ein Problem geben könnte, fiel offenbar niemandem auf, oder, wenn doch, dann dachten sicher alle, im Notfall könne ein überzähliger Prinz aus Dänemark oder Schweden als Thronfolger angeheuert werden. Erst als nach 1960 die letzten Reste des mittelalterlichen Erbrechts, das Brüder in jedem Fall bevorzugte, aus den norwegischen Gesetzen getilgt wurden, ging den Juristen auf, dass diese Reform eigentlich auch für das Königshaus gelten müsste. Aber es dauerte dann noch bis 1991, bis Norwegen auch für Frauen den Weg auf den Thron freimachte. Im 14. Jahrhundert war man eben doch fortschrittlicher. Die erste norwegische regierende Königin seit Eufemias Tochter Ingebjørg wird Ingrid Alexandra heißen. Sie wurde 2004 geboren, es wird also noch eine Weile dauern, bis wir Ihrer Majestät huldigen können.

Aber zurück zu Eufemia: Sie geriet später wegen ihrer vorehelichen Tochter in Verruf, der Historiker Peter Andreas Munch (der Onkel des Malers Edvard Munch) dichtete ihr eine Liebschaft mit ihrem Schwiegersohn Herzog Erik Magnusson an. Trotz dieses Skandals (den sich Peter Andreas Munch nachweislich aus den Fingern gesogen hatte) geriet Eufemia in Vergessenheit. Wobei man zugeben muss, dass es auch früher schon Gerüchte gegeben hatte, doch da wurde ihr ein ganz anderer Liebhaber zugeschrieben. Wie es im Mittelalter üblich war, hatte nämlich Haakon einen Brautwerber nach Rügen geschickt, den jungen Ritter Audun Hugleiksson aus Hegranes (in deutschen Dokumenten aus jener Zeit heißt er »Odewin von Hegrenes«). Braut und Brautwerber reisten dann gemeinsam auf dem Schiff – sofort dachte alles an Tristan und Isolde, zumal bei einer Braut, die sich so sehr für Ritterepen interessierte. Dass der arme Audun kurz nach der Hochzeit von Eufemia und Haakon in Bergen ins Gefängnis gesteckt und drei Jahre später gehängt wurde, gab den Gerüchten zusätzliche Nahrung, zumal in den Chroniken keine Begründung für dieses harte Urteil angegeben wird. P.A. Munch, der alte Klatschvetter, verweist auf eine nicht näher bezeichnete »Sage«, nach der Audun des Königs Braut »entehrt« habe – aber wir können davon ausgehen, dass Haakon Agnes niemals adoptiert und als seine Tochter bezeichnet hätte, wenn sie der Spross des ehrlosen Brautwerbers gewesen wäre.

Trotz dieser pikanten Gerüchte war Eufemia

aber für die Dichter nie sonderlich interessant. Bis heute. In der Literaturgeschichte ist sie dennoch ein großer Name. Eufemia ließ nämlich, kaum war sie in Norwegen angekommen, die damals aktuelle Ritterdichtung aus Europa, vor allem aus Frankreich und Deutschland, ins Schwedische übersetzen und gab damit den Startschuss zur schwedischen und norwegischen Belletristik! Eine Sammlung von Ritterballaden heißt nach ihr »Eufemialieder«. Darunter sind so bekannte Werke wie »Floris und Blanchefleur« und »Herr Ivan der Löwenritter«. Durch die Eufemialieder wurden in Nordeuropa erstmals Gedichte mit Endreim populär gemacht, vorher hatte nur die strenge Stabreimform der Sagadichtung als echte Dichtkunst gegolten. Warum Eufemia ins Schwedische übersetzen ließ und nicht ins Norwegische, ist unklar, aber vermutlich kannte sie in Schweden eben begabtere Poeten. Eine andere Erklärung ist, dass der norwegische Hof eine Art Zufluchtsort für Vogelfreie aus den Nachbarländern war, unter denen auch Sänger und Dichter aus Schweden waren. Vielleicht hat sie auch selbst gedichtet, das wissen wir nicht, aber möglich erscheint es schon. Schließlich war sie hochgebildet und ihr Bruder Wizlaw III. stand in Kontakt zu so ungefähr allen prominenten Minnesängern seiner Zeit und hätte viel lieber auch Minnelieder gedichtet, als sein Fürstentum zu regieren. Einige Lieder aus seiner Feder sind erhalten, sie haben so schöne und typische Titel wie »De voghelin«.

Es gibt kein Bildnis von Eufemia, aber sie war zweifellos sehr beliebt bei ihren Untertanen. Das hatte sicher viele Gründe. Sie war viel unterwegs, reiste in ihrem Reich umher und zeigte sich ihrem Volk, eine Königin zum Anfassen also, das kam damals wie heute gut an. Die Chroniken berichten, dass sie sehr viel Gutes tat und mehr Almosen gab, es als von Königinnen damals erwartet wurde. Außerdem versorgte sie die Dichter ihres Hofes reichlich mit Arbeit, und die bedichteten zum Dank ihre Schönheit, leider in so stereotyper Weise, dass wir daraus nichts über ihr wirkliches Aussehen erfahren. Der obere Teil ihres Totenschädels ist erhalten, aber das hilft uns nicht weiter.

Zu Eufemias Zeit machte Norwegen erstmals in Europa als Exporteur von Flussmuscheln von sich reden. Diese Flussmuscheln, die in Flüssen mit starker Strömung und leicht kalkhaltigem Wasser leben, heißen auch Perlmuscheln, auf Deutsch wie auf Norwegisch. In diesen Muscheln bilden sich Perlen, die beim europäischen Adel ungeheuer beliebt waren. Wir kennen sie von einer Unzahl von Porträts gekrönter Häupter, der prunksüchtige englische König Heinrich VIII. scheint zum Beispiel nie ohne eine Garnitur norwegischer Flussmuscheln aus dem Haus gegangen zu sein. Ihre Beliebtheit wurde den norwegischen Flussmuscheln dann allerdings zum Verhängnis. Schon im 18. Jahrhundert waren sie fast ausgerottet, und 1733 versuchte die dänisch-norwegische Königin Sophie Magdalene, eine geborene Hohenzollern-Prinzessin von Brandenburg-Kulmbach, das Sammeln von Flussmuscheln zu verbieten (das gilt übrigens als erster norwegischer Versuch zum Artenschutz). Ihre Adelsgenossen sahen das aber anders, sie mochten auf diesen edlen Schmuck nicht verzichten, und so wurde weiterhin Jagd auf

Muscheln gemacht. Noch Königin Maud, der Gemahlin des 1905 im nun unabhängigen Norwegen inthronisierten Königs Haakon VII., zeigt sich auf Bildern im Muschelschmuck. Ihr Enkel, der derzeitige norwegische König Harald, stellte die Flussmuscheln 2011 dann unter Artenschutz. Da war ihre große Zeit allerdings schon länger vorbei. Ab etwa 1920 hatte nämlich die Entwicklung von Zuchtperlen die norwegische Muscheljagd unrentabel gemacht. Dass die Flussmuscheln trotzdem heute als extrem gefährdete Art gelten, liegt ganz einfach an der allgemeinen Umweltverschmutzung. Das alles konnte Eufemia natürlich nicht wissen, als sie vor über siebenhundert Jahren diese Perlen in Mode brachte.

Eufemia starb am 1. Mai 1312, der Grund für diesen frühen Tod ist unbekannt. Der übliche Tod junger Frauen der damaligen Zeit, der im Kindbett, kann es nicht gewesen sein, das hätten die Chronisten verzeichnet. Sie wurde in der Osloer Marienkirche beigesetzt, später, als diese Kirche abgerissen wurde, wurden Eufemias sterbliche Überreste zusammen mit Haakons in die Festung Akershus überführt. Bei Ausgrabungen im königlichen Mausoleum in dieser Festung wurden die Gebeine der beiden gefunden. In Eufemias Schädel gibt es kristalline Ablagerungen in einer Furche, in der eine wichtige Ader gelegen haben muss. Der Schädel wird derzeit mit allen Methoden der modernen Wissenschaft untersucht, vielleicht wird sich die Todesursache also feststellen lassen. Wie auch immer, Eufemias Leben und Tod wären eigentlich Stoff für eine ganze Bibliothek voller Biografien und historischer Romane – oder für ein Musical, das dann in der Osloer Oper aufgeführt werden könnte.

Man kann auf Eufemias Spuren durch Oslo wandeln, und nicht alles ist so trostlos wie die nach ihr benannte Straße. Die vorhandenen Reste des mittelalterlichen Oslo sind geformt wie ein Knochen, am einen Ende befindet sich der sogenannte Middelalderparken (»Mittelalterpark«), der eigentlich eine große archäologische Ausstellung hätte werden sollen, am anderen der Minneparken (»Erinnerungspark«), auch Ruinenpark genannt. Im Westen grenzt der Middelalderparken an die Kong Håkon Vs. gate, im Norden an die Bispegate, mittendurch zieht sich die Eisenbahnlinie, und als die Bahnlinie angelegt wurde, wurde ein Großteil des frisch freigelegten Geländes gleich wieder zubetoniert. Dort, wo heute der südliche Zipfel des Parks liegt, mündete zu Eufemias Zeiten der Fluss Elna in den Oslofjord. Irgendwann nach 2020 soll er auch wieder dort münden, dann wird nämlich am derzeitigen Verlauf eine neue Eisenbahnlinie gebaut.

Wir finden im Mittelalterpark die Ruinen des alten Königshofs, in dem Eufemia und Haakon logierten, wenn sie sich in Oslo aufhielten, dazu die Überreste der mittelalterlichen Marienkirche, die die norwegischen Könige errichten ließen, um dem Bischof von Oslo klarzumachen, wo die weltliche Macht ihren Sitz hatte. Der Minnepark ist sehr viel kleiner und liegt sozusagen am anderen Ende des Knochens und am Ende der Dronning Eufemias gate, wo sie nicht mehr so heißt, sondern Dyvekes vei. In diesem Park finden wir die Ruinen von Oslos erstem Dom, der St. Hallvardskirche, einer romanischen Basilika aus dem 12. Jahrhundert. St. Hallvard ist Oslos Schutzpatron, und die nach ihm benannte Kirche wurde bis 1660 benutzt, die letzten Reste wurden hundert Jahre später abgerissen. Außerdem gibt es die Reste des Olavsklosters, das bis zur Reformation dem Dominikanerorden gehörte, sowie Reste des Klostergartens und eines Karpfenteichs, aus dem sich die Mönche an Fasttagen versorgten. Ab 1868 fanden hier Ausgrabungen statt, die Ruinen wurden freigelegt, und es ist klar, dass noch sehr viel mehr zu holen wäre – aber die Arbeiten konnten nicht vollendet werden, da um 1960 der südliche Teil des Parks zubetoniert wurde, um einer Schnellstraße Platz zu machen. Königin Eufemia musste das alles nicht mehr mitansehen, aber wir können uns vorstellen, dass sie oftmals von einem Ende des Knochens zum anderen geschritten oder geritten ist.

Auch wenn die Königin viele Jahre in Vergessenheit geraten war – ihr Name lebte weiter in dem Vornamen Femja, auch wenn sicher viele norwegische Femjas gar nicht wussten, wem sie diesen schönen Namen verdankten. Aber das hat sich jetzt ja geändert.

Im Schmugglerparadies

Hølen am Oslofjord

Hølen gehört zu den Orten am Ostufer des Oslofjords, die Reiseführer und Touristenbroschüren kaum oder gar nicht erwähnen. Keine imponierende Festung (wie in Halden), keine Strandidylle, nicht einmal die Familie Munch hat hier ein Grab … Aber auch in Hølen gibt es eine Menge zu sehen. Hølen war einst die kleinste Stadt Norwegens. Sie erhielt 1848 Stadtrechte, obwohl der Ort damals nur hundertneunundneunzig Einwohner hatte. 1943 wurde Hølen der Gemeinde Vestby zugeschlagen, und obwohl die Naziregierung von Vidkun Quisling diese Entscheidung gefällt hatte, konnte es die Stadtrechte seither nie zurückerlangen. Dem Status als Stadt verdankt Hølen aber seine historische Bedeutung und seine wilde Architektur.

Während nämlich sonst fast überall in Norwegen die Antialkoholikerbewegung einen Sieg nach dem anderen errang, beschlossen die Stadtväter von Hølen im Jahre 1896, auf die Trunksucht der Bevölkerung zu setzen. Eine kommunale Verkaufsstätte für Alkohol wurde eröffnet, dann noch eine, dann die dritte – und die Geschäfte liefen über alle Erwartungen gut. Norwegens kleinste Stadt schwamm in Geld und wusste offenbar bald nicht mehr, wohin damit. Deshalb wurden die Steuern drastisch gesenkt, wer in Hølen einen Wohnsitz hatte, bezahlte nur ein halbes Prozent Steuern. Das mit dem Wohnsitz wurde auch nicht besonders eng gesehen, ein gemietetes Zimmer, in dem man einen Koffer stehen hatte, reichte vollkommen aus. Kein Wunder, dass windige, aber auch seriöse Geschäftsleute aus der Hauptstadt Kristiania sich in Hølen Zimmer und Koffer mieteten. Die seriösen gründeten ihrerseits Firmen, darunter eine Reederei, einen großen Holzhandel und eine Dampfschifffahrtsgesellschaft, weshalb die spätere Einführung der Prohibition für das florierende Geschäftsleben von Hølen keinen wirklichen Einbruch bedeutete. Bereits 1917 waren alle Häuser von Hølen an das Stromnetz angeschlossen, ab 1920 erhielten alle Einwohner über siebzig eine Rente, von der sie leben konnten.

Als Ende 1916 in Norwegen die Prohibition eingeführt wurde, mussten Hølens Schnapsläden natürlich dichtmachen. Die Mieter mit ihren Koffern aber blieben, denn die Prohibition eröffnete ganz neue Möglichkeiten zum Geldscheffeln. Die Prohibition in den USA ist bekannt, dass es in Norwegen auch eine gab, weiß außerhalb Norwegens heute kaum noch jemand. Natürlich war auch die norwegische ein grandioser Fehlschlag, was ein Blick auf die Landkarte erklärt. In einem Land mit so langer Küste, so vielen versteckten Buchten und so vielen undurchdringlichen Wäldern den Alkoholkonsum untersagen zu wollen, wirkt hoffnungslos naiv.

Dabei hatte die Antialkoholbewegung durchaus vernünftige Motive. Um 1900 wurde verheerend viel gesoffen, anders kann man das nicht nennen, und zwar vor allem billiger, zumeist schwarz gebrannter Fusel. Es fand sich schließlich eine breite Front aus

Vertretern christlicher Kirchen, die Alkoholtrinken für eine Sünde hielten, von Vertretern der Arbeiterbewegung und von Frauenrechtlerinnen, die nicht mehr zusehen wollten, wie die unterbezahlten Arbeiter in den Städten ihren Lohn vertranken, während die Arbeiterinnen doppelt schuften mussten, um sich und ihre Kinder vor dem Verhungern zu retten. Mit jeder Wahl wuchs die Unterstützung für die Prohibition, die 1916 dann gesetzlich eingeführt wurde.

Allerdings war sie von Anfang an weder umfassend noch konsequent. Zuerst legten sich die guten Bürger in den Städten quer, klar, das Proletariat sollte keinen Fusel mehr trinken, aber auf den edlen Cognac verzichten wollte man nun auch wieder nicht. Also wurden Ausnahmen zugelassen, Cognac, Whisky und andere Spirituosen durften von nun an in der Apotheke verkauft werden – aber als sich dann herausstellte, dass die Ärzte in Kristianias Villenvierteln bei ihren Patienten ganz neue Krankheiten feststellten, die geradezu epidemisch auftraten und nur mit Cognac geheilt werden konnten, wurde diese Regelung wieder abgeschafft. 1918 wurde im norwegischen Parlament sogar ernsthaft über ein Parfüm- und Haarwasserverbot diskutiert. Beides war zwar teuer, aber wenn gerade kein Arzt zur Hand war, der ein Rezept ausschreiben konnte, trank die Oberklasse offenbar alles. Wein war weiterhin erhältlich, auch ohne Rezept. Der billigste spanische Wein wurde gern mit dem billigsten schwarz gebrannten Fusel gemischt und ergab ein Getränk, das halbwegs erträglich schmeckte und für einen raschen Rausch sorgte. Das war angeblich der Grund, warum Wein nun mit immer höheren Steuern belegt wurde. Die ersten Gesetzesentwürfe hatten noch vorgesehen, auch Wein zu verbieten, aber da meldeten sich Länder zu Wort, zu denen Norwegen bisher gute Handelsverbindungen pflegte. Vor allem Spanien und Portugal begehrten auf, »wenn ihr unseren Wein nicht mehr kauft, besorgen wir uns unseren Stockfisch woanders«. Da in diesen katholischen Ländern die Bevölkerung damals das Fleischverbot an Freitagen und in der Fastenzeit noch brav einhielt, sicherte der Stockfischexport Norwegen bedeutende Einnahmen, auf die einfach nicht verzichtet werden konnte. Bier hatte sich als Alltagsgetränk noch nicht richtig ausgebreitet und tauchte in den Diskussionen über das Alkoholverbot kaum auf.

Die Geschichte der norwegischen Prohibition ist verwirrend, es wurden dicke Bücher darüber geschrieben, aber nach der Lektüre ist man auch nicht viel klüger, dauernd neue Gesetze, Gesetzesänderungen, Bestimmungen, die nur für eine gewisse Zeit oder einen bestimmten Bezirk gelten sollten, es ist ein Wunder, dass die Prohibition überhaupt eingeführt werden konnte, und kein Wunder, dass wenig dabei herauskam.

Es wurde jedenfalls geschmuggelt, was das Zeug hielt. Bald entstanden professionelle Schmugglerbanden, die den Handel aber nie so total beherrschten, dass nicht auch Privatleute mitmachen konnten. Wer sich ein Boot ausleihen und ein gewisses Grundkapital aufbringen konnte, fuhr los. Wichtigste Handelspartner: deutsche Seeleute. Schnaps war immer billig in Deutschland, selbst in den Inflationsjahren. Wer einige Flaschen nach Norwegen bringen konnte, wurde mit harter Währung bezahlt, schon vier oder fünf erfolgreiche Touren konnten den Schnapskurier zum reichen Mann machen. Und besonders gefährlich war es auch nicht. Die deutschen Schiffe hielten sich am Rand der norwegischen Gewässerzone auf, wenn die norwegische Wasserschutzpolizei zuschlug, dann innerhalb dieser Zone, die Folgen trugen immer nur die norwegischen Schmuggler. Noch heute gibt es in norwegischen Familien eine Menge Geschichten über jene Zeit, über tollkühne Fluchten vor der Polizei, über raffinierte Verstecke auf den Schiffen, die bei den polizeilichen Kontrollen übersehen wurden – und natürlich über trunkfreudige Polizisten, die bereitwillig in die andere Richtung schauten, wenn sie entsprechend an der Beute beteiligt wurden.

Eine richtig rührende Geschichte erzählt Arthur Omre (1887–1967), einer der wichtigsten norwegischen Autoren des 20. Jahrhunderts, von einigen sogar als »norwegischer Jack London« gepriesen. Viel gelesen in deutscher Übersetzung wurde sein Roman »Der Schmuggler« von 1935, in dem er auf seine reiche Erfahrung als Alkoholschmuggler zurückgreift. Omre, der eigentlich Ole Arthur Antonisen hieß, konnte, ehe er seine schriftstellerische Karriere antrat, auf eine glorreiche Laufbahn als Schmuggler samt Gefängnisaufenthalten zurückblicken, und mindestens die Hälfte seines Werkes handelt von dieser Zeit. Er berichtet von den beiden Söhnen einer armen Witwe, die sich als Laufburschen im Hafen ein bisschen etwas verdient hatten und nun losruderten, in der Hoffnung, auf ein deutsches Schnapsschiff zu stoßen. Es war eine eisigkalte Winternacht, die total durchgefrorenen und durchnässten Knaben wurden an Bord gehievt, bekamen einen steifen Grog und eine heiße Suppe – und die Seeleute schenkten ihnen zwei Flaschen Schnaps, also fast ein kleines Vermögen, und ließen sie ihr Geld behalten!

In dieser ganzen Zeit hatten die Schmuggler ihren Wohnsitz in Hølen, und vielen war dann irgendwann das Zimmer mit dem Koffer nicht mehr genug. Sie bauten sich also Häuser, und sie waren offenbar in jeder Hinsicht unerschrocken, denn sie gingen auch hier neue Wege. Es entstanden Häuser in einer Mischung aus so ungefähr allen Baustilen, die um 1920 in Mode waren, dazu in etlichen anderen, Architekten durften hier bauen, was ihnen kein seriöser Kunde abgenommen hätte. Diese Häuser sind noch vorhanden, ein Gang durch Hølen birgt in dieser Hinsicht eine Menge Überraschungen.

Hølens Karriere als Steuerparadies endete sang- und klanglos 1943 mit der Eingemeindung nach Vestby, seither müssen die Bewohner von Hølen denselben Steuersatz zahlen wie alle anderen Norweger auch. Und die interessante Vergangenheit als Schmugglerparadies scheint auch irgendwie peinlich zu sein, anders ist es nicht zu erklären, dass bei dem Versuch, Touristen nach Hølen zu locken, zwar auf stattliche alte Holzhäuser und die vielen Brücken (der Fluss Såna, zwischen Hølen und Son auch Hølenselva – »Hølenfluss« – genannt, fließt mitten durch den Ort) hingewiesen wird, nicht aber auf die Werke der verrückten Architekten?

Gerne wird auf die prachtvollen alten Holzhäuser verwiesen, die den Ortskern noch heute prägen, man kann sie gar nicht alle aufzählen. Aber zwei seien doch kurz vorgestellt. Zum einen Selviggården gleich am Marktplatz am Dronningsvei gelegen. Das mehrstöckige gelbe Holzhaus beherbergte 1896 die erste Alkoholverkaufsstätte der Stadt, hier fing gewissermaßen alles an. Der Maler Carl Dørnberger, der im benachbarten Son wohnte, kam gern zum Einkaufen nach Hølen. Bei einem Besuch geriet er in Streit mit einem anderen Kunden, er zog eine Pistole und gab einen Schuss ab. Der Schuss traf eine Rotweinflasche und der Verkäufer, der nur rot sah und glaubte, es fließe bereits Blut, griff nun selber zur Waffe und feuerte zurück. Doch Dørnberger traf als Nächstes ein Cognacfass, worauf die beiden Herren sich sofort auf einen Waffenstillstand einigten, um die edlen Tropfen zu retten. Angeblich erschien nun auch, von den Schüssen alarmiert, der lokale Wachtmeister, doch er gab sich mit einem Glas Cognac zufrieden und verzichtete darauf, die Affäre zur Anklage zu bringen.

Ebenfalls am Marktplatz liegt Thornegården. Dieses weiße Holzhaus wurde gegen Ende des 18. Jahrhunderts errichtet und ist eines der ältesten von Hølen überhaupt. Hier befand sich von 1920 bis 1955 die Apotheke des Ortes. Vorher war es ein Wohnhaus und es wurden auch Zimmer vermietet. Ein Zimmer bewohnte 1911 die spätere Literaturnobelpreisträgerin Sigrid Undset. Sie und ihre Freundin, die Malerin Cis Rieber-Mohn, hatten das Jahr davor in Rom verbracht und sich fremdländische Sitten zugelegt. Selbst das in Alkoholdingen so tolerante Hølen war geschockt, als die beiden Damen in aller Öffentlichkeit in Selviggården Schnaps tranken. Sigrid Undset aber hatte allen Grund, sich einen guten Schluck zu gönnen. Ihr Roman »Jenny« war gerade erschienen und verkaufte sich so gut, dass endlich Geld in der Kasse war, und dass sie das nicht gleich ans Finanzamt abführen wollte, kann man ja verstehen.

Hølen behielt noch lange seinen Ruf als Ort, in dem alles nicht so eng gesehen wird. Noch immer ist es ein beliebter Wohnort für Maler und Schriftsteller, lediglich Arne Samuelsen, einer von Norwegens bedeutendsten zeitgenössischen Malern, ist inzwischen weggezogen. Aber nur in den Nachbarort Son – ihm wurde dort das Haus des schussfreudigen, 1940 verstorbenen Kollegen Dørnberger als Künstlerwohnung zur Verfügung gestellt.

Das Spirituosenverbot in Norwegen wurde übrigens 1927 aufgehoben, die Prohibition ist allerdings niemals offiziell abgeschafft worden, und das erklärt die für Ausländer oft unbegreiflichen norwegischen Regeln über Ausschank und Verkauf von Alkohol. Und die Tatsache, dass nach amtlichen Angaben dieser Zustand seit Jahrzehnten konstant ist: Ein Drittel des in Norwegen konsumierten Alkohols wird in den staatlichen Alkoholläden erworben, ein Drittel besteht aus illegal gebranntem Fusel, das letzte Drittel aber wird weiterhin eingeschmuggelt.

Das ganze Menschenleben auf zweihundertvierzig Seiten

Norwegische Romanserien

»Eisvolk«, »Die Töchter des Henkers«, »Dämmerung«, so schöne Titel haben norwegische Romanserien, und es ist so leicht, sich festzulesen. Man bekommt sie auch überall, an Tankstellen, in Supermärkten, in Hotels, an Fähranlegern. Oft gibt es den ersten Band einer Serie gratis, man fängt auf der Fähre an zu lesen, wenn man dann an Land geht, ist man süchtig und bestellt gleich den nächsten. Das ist das Besondere an den norwegischen Serien: Man kann sie abonnieren, und dann liegt jeden Monat ein neuer Band im Briefkasten. Es sind richtige Bücher, keine Heftchen, wie man sie von deutschen Kiosken kennt, sondern Taschenbücher mit zweihundertvierzig Seiten, Fortsetzung folgt. Eine Autorin, die eine Idee für eine Serie hat, muss die ersten zehn Bände konzipiert haben, sonst findet sie keinen Verlag. Aber die Branche ist gnadenlos, wenn die ersten drei Bände kein Erfolg sind, wird die Serie eingestellt. Schrecklich für die Fans, die jetzt nie erfahren werden, wie es weitergeht. Meistens spielen die Romanserien in der Vergangenheit, oft ist ein bisschen Magie im Spiel, immer sind sie sehr ortsgebunden, die Autorinnen recherchieren sorgfältig, bringen lokale Anekdoten ins Spiel, lassen historische Persönlichkeiten auftreten – eigentlich gibt es kaum eine schönere Möglichkeit, Wissen über einen norwegischen Urlaubsort zu sammeln als durch eine dort angesiedelte Romanserie. Doch leider, dafür muss man Norwegisch können, die Serien werden nämlich nie übersetzt. Jedenfalls nicht ins Deutsche.

Die erfolgreichste Serienautorin ist Margit Sandemo, geboren 1924, angeblich eine illegitime Enkelin von Norwegens Nationaldichter Bjørnstjerne Bjørnson, von deren »Saga vom Eisvolk« über vierzig Millionen Bände verkauft worden sind. Das macht sie zur erfolgreichsten norwegischen Autorin aller Zeiten! Und als solche wollte sie dann auch gern Mitglied des norwegischen Schriftstellerverbands werden. Das durfte sie aber nicht. Sie sei keine echte Schriftstellerin, hieß es, sie schreibe ja nur Unterhaltungsliteratur. Diese Ablehnung hat sie schriftlich und zeigt sie gern herum. Ein norwegischer Journalist, der ganz offen zugab, nie ein Buch von ihr geöffnet zu haben und es auch nie tun zu wollen, sagte, als ob das irgendetwas erklärte: »Sie wird aber in Norwegen fast nur von Frauen gelesen.« Das stimmt obendrein nicht. Es ist gar nicht schwer, auch Männer bei der Lektüre von norwegischer Unterhaltungsliteratur zu erwischen – aber mein Journalist meinte dann noch, dass Willy Ustad, einer der wenigen Männer, die in Norwegen als Serienautor Erfolg haben, doch literarisch viel höher anzusiedeln sei als Sandemo. Gelesen hatte er von ihm allerdings auch nichts. Als ich vehement widersprach und mich als Leserin von beiden (und Fan von Sandemo, nicht aber von Ustad) outete, versprach er immerhin, dieses Urteil noch einmal zu überdenken. Wie beliebt Margit Sandemo war und ist, zeigt dieses Beispiel:

Der auch in deutscher Übersetzung erfolgreiche isländische Autor Einar Kárason war zu einem Literaturfestival in Norwegen eingeladen und sollte im lokalen Buchladen signieren. Er betrat den Laden durch den Hintereingang, lugte aber schnell um die Ecke und sah eine endlose Warteschlange. Glücklich nahm er im Buchladen Platz und freute sich darauf, schöne Autogramme in die Bücher zu schreiben. Aber niemand kam. Irgendwann stand er auf und schaute in den Nebenraum, irgendwo musste die Warteschlange doch sein. Einar Kárason mit einem Grinsen, das alles erklärt: »Da saß Margit Sandemo!«

Margit Sandemo schreibt jetzt nicht mehr, klar, mit über neunzig und nach ihrem Riesenerfolg möchte sie sicher ihre Ruhe haben. Aber zum neunzigsten Geburtstag bekam sie von König Harald persönlich einen hohen Orden verliehen, und alle Snobs mussten betreten schweigen, die Leute, die sie nicht in den Schriftstellerverband aufnehmen wollten, mussten sich schämen und alle Fans freuten sich.

Eine Serie, die im Sommer 2017 angelaufen ist, stammt von Elisabeth Hammer aus Horten. Horten, die Fährstadt am Oslofjord, ist auch der Schauplatz der Handlung, wir erleben den Ausbau der Halbinsel Carljohansværn – heute Freilichtmuseum und Park – zu einer Art Festungshafen, der den Oslofjord gegen feindliche Flotten verteidigen soll. Mitten drin die Heldin: Rakel, ein Findelkind, das bei einer Bauernfamilie aufwuchs und ihre Pflegeeltern über alles liebt. Rakel hat magische Fähigkeiten, die sie aber erst langsam selbst entdeckt – und wir erfahren schon im ersten Band, dass Rakel durch ihre Herkunft einflussreichen Leuten gefährlich werden kann. Die suchen also nach ihr, Rakel ahnt nichts Böses, und wir wissen noch nicht (bisher sind vier Bände erschienen), was das für schreckliche Geheimnisse sind. Es gibt drei Männer in ihrem Leben: Lars Disen, der hübsche junge Schulmeister mit den charmanten Lachgrübchen, leider hat er sehr konventionelle Vorstellungen von den Geschlechterrollen; Syver Svartangen, der Erbe des Nachbarhofes, ein ziemlich gemeiner und brutaler Kerl, den Rakel auf Geheiß ihres Pflegevaters heiraten soll, weil die Familie sonst ihren Hof verlieren würde. Und Ask Bergan, der Lensmann (das ist so eine Art Mischung aus Dorfgendarm und Vogt), der aussieht wie Jamie Lannister und ebenso zwiespältig erscheint – liebt er Rakel wirklich oder nutzt er sie zu seinen finsteren Zwecken aus? Rakel ist heimlich verliebt in den Schulmeister, aber wir tippen, dass am Ende Ask das Rennen machen wird. Zuerst muss aber verhindert werden, dass Rakel mit dem fiesen Syver verheiratet wird.

Hiermit ist klar, warum man diese Bücher nicht aus der Hand legen kann und jeden Monat gespannt auf den neuen Band der Lieblingsserie wartet. Nicht alle sind so aufregend, oft liest man den ersten und findet, das reiche eigentlich. Das sind dann die Serien, die sehr bald wieder eingestellt werden. Aber selbst nach einem Band hat man dann immer eine Menge über den Schauplatz erfahren, es lohnt sich also, im Hotel oder am Fähranleger den Gratisband einzustecken – falls man Norwegisch spricht. So lange jedenfalls, wie deutsche Verlage nicht erfasst haben, was ihnen da für ein lukratives Geschäft entgeht. So oder so, das ist mein Lieblingssatz von Margit Sandemo: »Manchmal muss man einfach spazierengehen und über Intrigen nachdenken.«